JN231441

仕事のミスが絶対なくなる頭の使い方

宇都出雅巳

クロスメディア・パブリッシング

あなたは自分が記憶の持ち主だと思う。
だが本当は、記憶があなたの持ち主なのである
――――ジョン・アーヴィング 米国小説家

はじめに

「あっ、　すっかり忘れていた！」
「おっと、うっかり見落としていた……」
「そうなんですか！？　勘違いしていました……」
「なんで自分はあのときハンコを押したんだろう？」

これまであなたは仕事でどんなミスをしたことがありますか？
また、どんな失敗をしかけたことがあるでしょうか？
まったくミスや失敗をしたことがない人はいないでしょうから、この質問に答えられない方はおそらくいないでしょう。

じつは、それらのミスが起きてしまうのは、あなたの記憶力や注意力、コミュニケーション力、あるいは判断力が低いからではありません。
そもそも、われわれの脳自体が「ミスを起こしやすいメカニズム」になっているからなのです。
しかもそれは、「忘れた！」という単純な記憶のミスだけではなく、そのほかのさまざまなミスも、脳の「記憶」にほとんどの原因があります。あなたはそのことを知らないがために、ミスを起こしてしまっているわけです。

こう言うと、「経験が少ない、または能力が足りないからミスをするだけでは？」という思われる方もいらっしゃるでしょう。たしかに経験不足や能力不足によるミスもあることでしょう。しかし、それはほんの一部です。
実際に、経験が豊富、または能力があるからこそ犯しやすいミスもあります。中堅やベテランになれば必ずしもミスが減るわけではなく、逆に増えることもあるのです。

私がここでお伝えしたいのは、「人は自分の脳を過信しすぎている」ということです。

たとえば、あなたは自分の脳がいかに忘れやすいかを知っていますか？ また記憶は固定されたものでなく、常に変化していることを知っていますか？

もしくはあなたが、「すべてをありのままにしっかり見ている（聞いている）」と思っていても、実際にはあなたが見たい（聞きたい）ように見て（聞いて）いることを自覚していますか？

もっと言えば「完全に自立した自分」などありえず、「自分の判断」というものは、じつは夢物語にすぎないということを知っているでしょうか？

脳は思いのほか頼りになりません。そして、その脳に対して知らず知らずに（悪）影響を与えているのが、あなたの「記憶」であると、最近の脳科学、認知科学の研究で急速に明らかになってきています。

こうした事実を知らないままだと、今後も「記憶」の仕業でミスを犯す危険はなくなりません。

いくら記憶力や注意力、コミュニケーション力、判断力を鍛えようと思っても、脳のメカニズムを知らずにがんばっても、ほとんど効果はありません。むしろ逆効果になる危険性すらあるのです。

少し驚かせてしまったかもしれませんが、心配は無用です。

なぜなら、あなたがこの本で脳のメカニズムを正しく理解し、それを踏まえた上で対策を打ちさえすれば、ミスのほとんどは防げるのですから。

この本は、2016年に出版された『仕事のミスが絶対なくなる頭の使い方』からエッセンスを抽出し、わかりやすく図解したものです。

仕事のミスを以下の4つにわけ、それぞれミスが起こるメカニズムとミスを防ぐ基本対策を解説していきます。

①メモリーミス（忘れた！）
②アテンションミス（見落とした！）
③コミュニケーションミス（伝わっていない！ 聞いていない！）
④ディシジョンミス（判断を間違えた！）

この本は、目から鱗が落ちるような画期的な仕事術を紹介する本ではありません。

この本は、これまでさまざまなビジネス書で紹介されてきた王道テクニックや、上司や先輩から耳にタコができるほど指摘されてきたアドバイスがいかに脳のメカニズム上、有意義なものであるかを説明するものです。

そして、それらの有用性をこれまで以上に納得していただき、「理解」だけではなく「実践」してもらうことを目的としています。

さらに言えば、本書を通じて仕事のミスと向き合うことは、あなたの記憶、あなた自身と向き合うことでもあります。

ぜひ、新たな出会いを楽しんでください！

2019 年春　宇都出雅巳

第1章 メモリーミス
Memory Errors

第2章

アテンションミス

Attention Errors

第3章

コミュニケーションミス

Communication Errors

第4章

ジャッジメントミス

Judgement Errors

第１章

メモリーミス

Memory Errors

× ちょっとした頼まれごとをすっかり忘れる

× さっきまで覚えていた用事を忘れる

× 書類をどこに置いたか忘れてしまう

× 人の顔と名前が覚えられない

× 会社の大事な数字を覚えていない

→本章を読めば、これらの原因と対策がわかります

NUMBER 1

人はもともと「忘れる生き物」

この章で取り上げるのは、「記憶」が原因そのものである「メモリーミス」です。これは「上司の指示を忘れる」「書類をどこに置いたか忘れる」「人の名前を忘れる」といった、おなじみのミスです。

人はなぜメモリーミスを犯すのでしょうか？

もちろんミスをしようと思う人はいません。あなたの「しっかり覚えた！」「忘れないだろう」という実感に反し、**脳が思いのほか早く、あっさり忘れてしまう**ことが原因なのです。

次ページに示すのは記憶に関する研究の草分けともいえる「エビングハウスの忘却曲線」です。

グラフの縦軸は「節約率」で、最初に完全に記憶する手間（時間・回数）に比べて、再び完全に記憶するまでにどれだけ手間が節約できたかを表す指標です。いわば、記憶の保持率、逆に考えれば忘却率ともいえます。

ここで注目してもらいたいのは、覚えた直後の急速な忘却カーブです。

20分後にはすでに42％を忘れ、1時間後には56％、1日後には74％を忘れるという結果になっています。

この実験は、「意味をなさないアルファベットの組み合わせ」を実験材料に行われたので、意味のある情報や知識であればもう少し曲線は緩やかになるでしょう。しかし、人が「覚えた！」と思った直後に、その多くを急速に忘れてしまうという脳の性質は変わりません。

この実験結果を見て「こんなに早く忘れるの？」と驚いている人は、これまで自分の記憶に過大な期待を抱いていた可能性があります。

「人の脳は急速に物事を忘れていく」ということを、“忘れないように”頭にしっかり叩き込んでおきましょう。

脳は想像以上に忘れっぽい!

でも、脳内ではそう思った瞬間から
忘れはじめている……

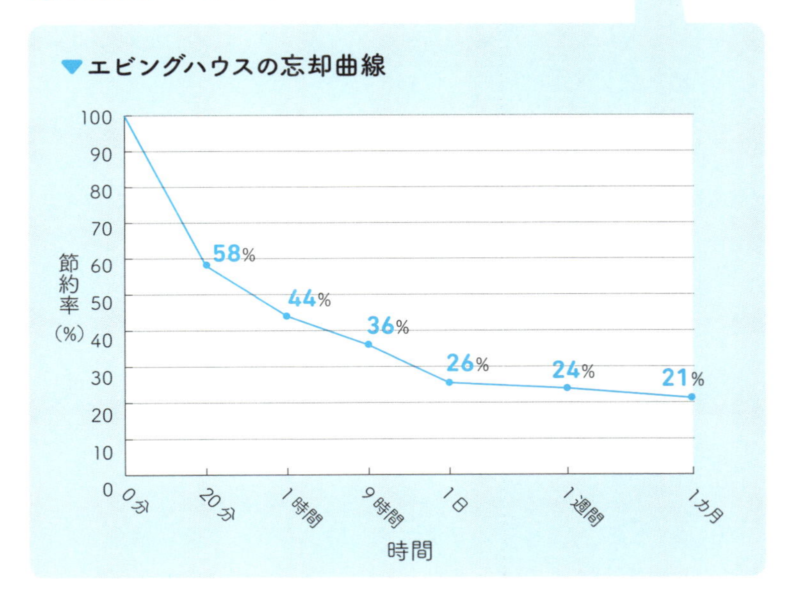

NUMBER 2

メモリーミスの主犯格は「ワーキングメモリ」

覚えたことを急速に忘れてしまう原因は、「ワーキングメモリ」という記憶にあります。 これがメモリーミスを起こす主犯格です。

ワーキングメモリの日本語訳は「作動記憶」もしくは「作業記憶」。情報を長期間にわたって貯蔵する「長期記憶」とは異なり、何かの目的のために情報が「一時的に」貯蔵される記憶で、「脳のメモ帳」にたとえられます。

コンピューターでいえば、「長期記憶」に当たるものがＨＤＤ（ハードディスク）で、ワーキングメモリがＲＡＭ（メモリ）です。ＨＤＤはデータを長期保存する場所ですが、ＲＡＭはソフトやアプリの稼働中にデータを一時的に蓄える「作業領域」です。このＲＡＭが不足したり、いっぱいになると、ソフトの動作が遅くなったり、フリーズしてしまいます。人の脳において、これと同じように、その働きを左右する大事な個所がワーキングメモリです。

たとえば、今この瞬間もあなたのワーキングメモリが働いています。この文章が読めているのもそのおかげです。文章を読んで理解するためには、直前の文章の内容を記憶しておくことが必要ですよね。もし、読んだそばから本の内容を忘れてしまったらどうなるでしょう？ 引き返して読むこともできますが、それではいつまでたっても先に進めません。

また、会話はさらに大変です。言葉は話すそばから消えていきます。相手の言葉をワーキングメモリに記憶しているからこそ、言葉をつなぎながら理解することができるのです。

このように、ワーキングメモリはすぐに、しかも明確に情報を記憶できるすぐれものです。では、それだけ便利な記憶が、なぜメモリーミスを引き起こすのでしょうか。**実は、この「すぐに」そして「明確に」覚えるという特徴が落とし穴なのです。**

常に働いている記憶＝ワーキングメモリ

長期記憶		ワーキングメモリ
HDD（ハードディスク）		RAM（メモリ）

長期記憶

HDD
（ハードディスク）

- 覚えるのが遅い
- 大容量

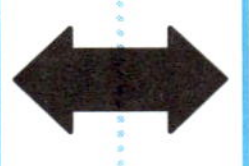

ワーキングメモリ

RAM
（メモリ）

- 覚えるのが速い
- 小容量

聞く

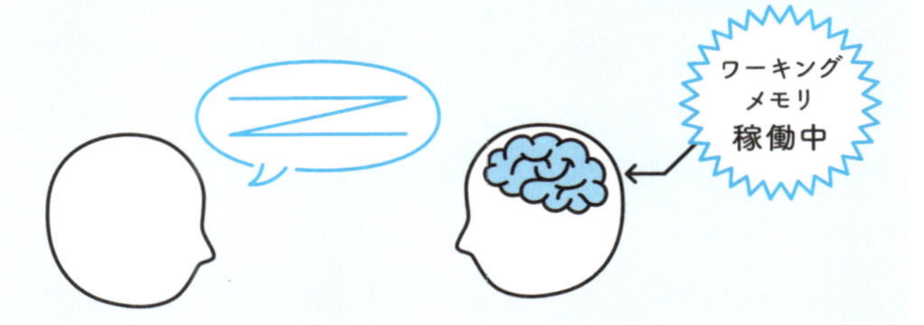

NUMBER 3

ワーキングメモリの容量はとても小さい

なぜ便利なはずのワーキングメモリがメモリーミスを引き起こすのでしょうか？ それは、**「すぐに」「明確に」記憶してはくれるものの、その記憶容量がとても小さい**からです。

ワーキングメモリに新しい情報が入ってくると、すぐに、しかも明確に記憶されます。しかし、**それと同時に古い情報がはじき出されて、その瞬間に忘れられてしまう**のです。しかも、いくら努力しても、ワーキングメモリの容量が増えることはありません。

試しに自分がある会社のオフィスにいると思って、次の文章を読んでみてください。

「上司の木下課長に呼ばれ、高橋工業宛に会社案内のＰＤＦを送ってほしいと依頼されました。自分のデスクに戻ると、見積を待ちわびていた渡辺金属から新着メールの通知。見積の結果次第では、いまいち営業担当者が信用できない城島産業と仕事をしないといけません。期待と不安でメールを開き、添付されていたファイルを開こうと思った瞬間に電話が入りました。佐藤通信から上田先輩宛でした。電話をつなぎ終えるとスマホのライン通知。学生時代の悪友、広瀬から飲みの誘いでした」

さて、会社案内はどこに送らないといけなかったか、思い出せますか？

あなたはいま、脳内にたくさんの会社名や人名が詰め込まれた感覚があると思います。それがまさにワーキングメモリがいっぱいの状態です。

会社案内を送る社名を思い出そうとしても、すでにワーキングメモリを出てしまって、思い出せない人もいるでしょう。このようにワーキングメモリの容量はとても小さいです。それを実感できるもう１つのワークを右ページに準備しました。ぜひ、試してみてください。

ワーキングメモリを実感するワーク

①下の数字を順番通りに覚えてください

6 4 5 1 8 3 9 7 2

ここを隠す

②上の数字を隠しながら、

23 × 37 を暗算してください。

その間も上の数字は覚えていてください。

数字を覚えるときに「頭の中がパンパンになった」と感じたり、数字を忘れないようにしながら暗算するときに「頭の中がグシャグシャになった」と感じたりしませんでしたか？

それがワーキングメモリに負荷がかかっている証拠です。

NUMBER 4

ワーキングメモリの源は、「注意（アテンション）」

ワーキングメモリが貯蔵できる情報は、せいぜい7つ前後（7±2）と言われています。最近の研究ではもっと少なく、4±1という説もあるほどです。

わたしたち人間は、今こうやって読んでいる日本語の知識を始め、日々の経験など、膨大な記憶を脳に蓄えています。しかし、すぐに、かつ明確に記憶できる数となると、こんなにも少ない数になってしまうものなのです。

そして、これは次章で取り上げる「アテンションミス」の主役、「注意（アテンション）」とも大きく絡んできます。これはつまり、われわれの注意力に限りがあるため、ワーキングメモリの容量も少なくならざるを得ない、ということです。

右ページの図は、このワーキングメモリと「注意」の関係を16ページで読んでもらった文章を例に表したものです。

「注意」とはいわば、情報をつかむことができる「腕」であり、ワーキングメモリでの記憶とは、情報がその腕につかまれている状態だと表現することができます。

そしてその肝心の「腕」は7本ないし4本前後しかないわけです。あなたが普段、同時に注意を向けられる数を考えてみれば、当たらずとも遠からずというところではないでしょうか？

「今からお話する内容のポイントは3つです」と言われたら、楽に構えられますが「3つ」ではなく「9つ」と言われたら、かなりキツく感じるでしょう。

注意（アテンション）の「腕」の数は限られている！

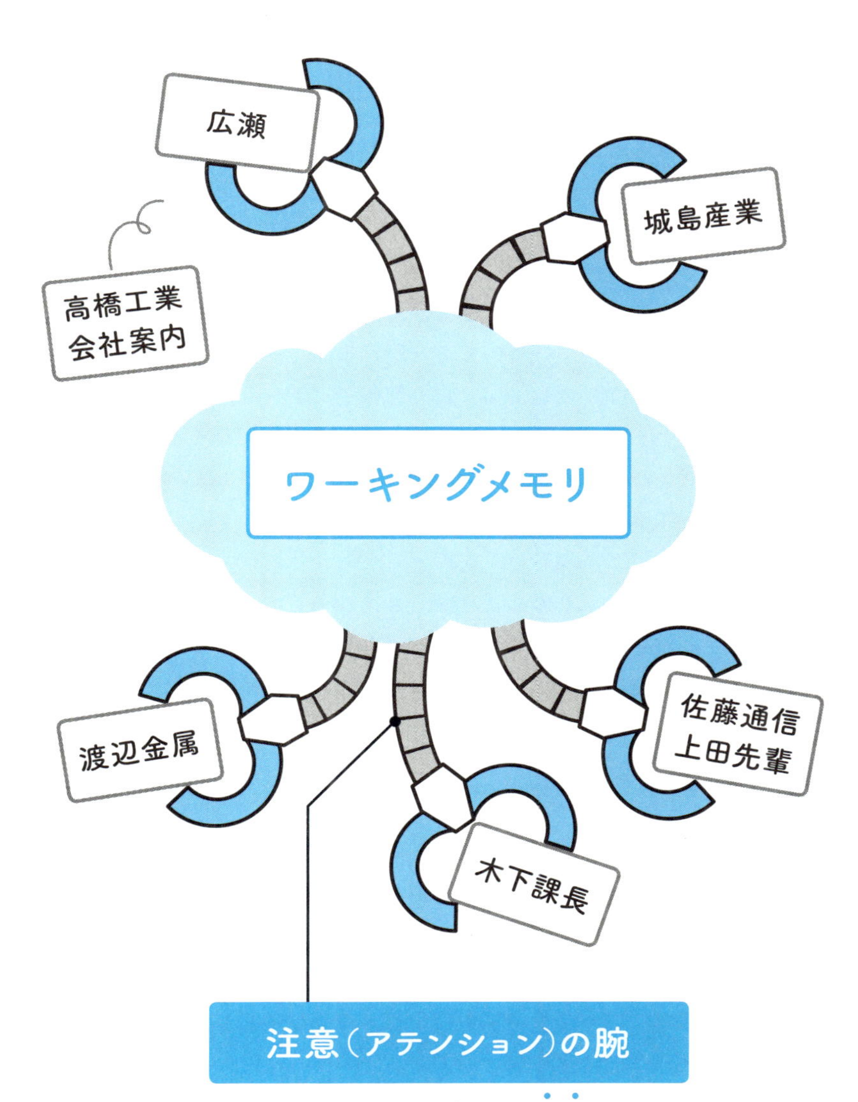

NUMBER 5

「よし覚えた！」は勘違い？

「これは大事なことだから覚えておこう」と注意を向けることで、情報をつかみつづけることは可能です。たとえば「高橋工業、高橋工業、忘れるな」とつぶやきつづけていれば、すぐに忘れることはないでしょう。

しかし職場では新しい情報がひっきりなしに入ってきます。ですから実際にはいくら注意を向けていても、不意に新たな情報が入ってくると脳はそれに注意を向けてしまい、古い情報である「高橋工業」をパッと手放してしまいます。徐々に忘れるなら「そろそろ忘れそうだからメモしておこう（または先に片づけておこう）」と対策が打てますが、注意から離れると突如忘れてしまうため、対策が困難なのです。

そもそも、簡単に忘れてしまうなら最初から記憶を過信しなければいいのですが、**注意を向けて「腕」でしっかりつかんでいる間は「確実に覚えた」と強い実感が湧いてしまいます。**その感覚は、あなたが長期記憶として覚える記憶の「覚えた」感覚と変わりません。だからこそ過信してしまうのです。

そしてこれこそ、「さっきまではっきりと覚えていたのに、いつのまにかド忘れしていた」というミスが起きるメカニズムです。

職場は新しい刺激と情報のオンパレードです。そのたびに注意はそちらに向かざるを得ませんし、必要な情報はつかまざるを得ません。しかし、一時保管場所にすぎないワーキングメモリに情報をポンと置くだけでは、覚えたことにはならないのです。

メモリーミスをなくす第一歩は「いまはしっかり覚えている感覚があるけど、この腕を放したら忘れてしまうんだな」と、ワーキングメモリの特性を認識することです。

ワーキングメモリは覚えているようで、覚えていない

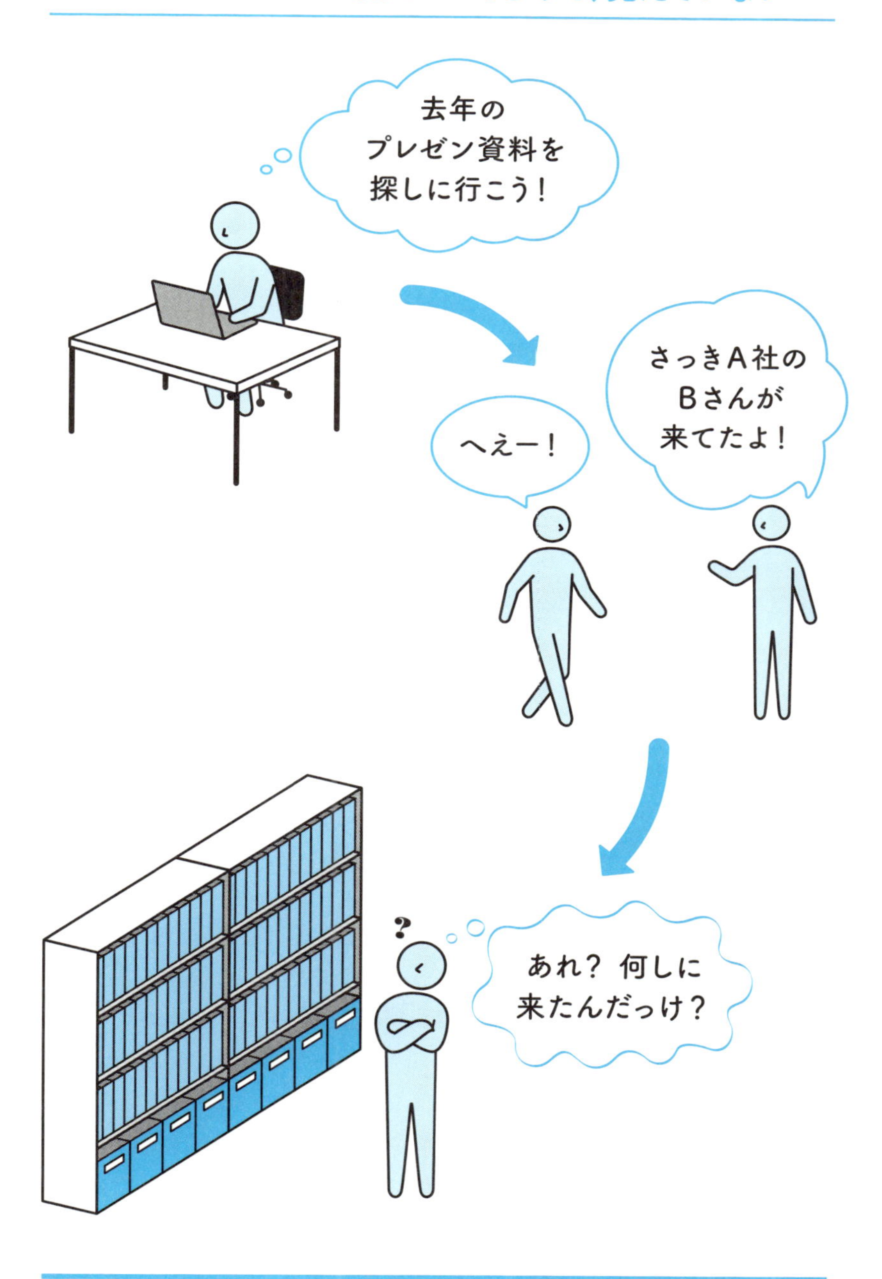

ワーキングメモリは増設できない

最近では「ワーキングメモリトレーニング」や「ワーキングメモリを鍛える」といった言葉を見かけますが、**ワーキングメモリの容量は増やせないと考えるのが現実的です。**なぜなら、21ページの図で解説したように、ワーキングメモリは「注意」と深く絡んでいて、これを鍛えるというのであれば、「注意」自体を増やすしかないからです。

そして、実際にワーキングメモリの容量を増やす研究はたくさん行われていますが、ほぼ下記のような結論に至るようです。

> *残念ながらワーキングメモリトレーニングが、実験室課題を超えて、たとえば、学業成績や日常生活の課題にまで効果があると報告した研究は今のところまだない*
>
> *『ワーキングメモリと日常』*
> *T・P・アロウェイ、R・G・アロウェイ編著*

今後、以前の「脳トレ」ブームのようにワーキングメモリを鍛えるブームが起きるかもしれませんが、くれぐれもこの点にご注意ください。

このため、**メモリーミスを減らすためには、「ワーキングメモリの負荷を減らす」ことが大きなポイント**になります。

その１つの方法が経験・知識といった記憶を蓄えて、入ってきた情報を結びつけられる受け皿を増やしておくことです。

たとえば先ほどの「上司の木下課長」の話も、すべての情報があなたにとって新しいものだったから覚えられなかったわけで、実際の仕事であれば、なじみの人名や社名は少しは楽に覚えられたはずです。

なぜならそういった人名や社名はすでに記憶にあるため、入ってきた情報はその記憶に結びつき、使う腕の本数が少なくて済むからです。

そのほかにもワーキングメモリの負荷を減らすポイントはいくつかあります。詳しくは右ページをご覧ください。

ワーキングメモリ（WM）の負荷を減らす3つのポイント

❶ WMから不要な情報を出す

・メモ、To Doリストなどに書き出す
・書きながら考える
　＝ 頭の「外」で考える

❷ WMに不要な情報を入れない

・集中したいときには、
　ネット、スマホから離れる
・机、部屋を片付ける
　（整理する・捨てる）

❸ WMを使わない、使う量を減らす

・無意識でできるように
　なるまでくり返す
・知識を蓄え、理解を深める
　（結びつく記憶を増やす）

NUMBER 7

「忘れないぞ！」ではなく「忘れる」という前提に立つ

ここまで出てきた内容で、あなたが普段感じる「覚えた！」という感覚が実に頼りなく、頼りないものであることが理解できたと思います。

さらに最近の認知科学の研究では、短期的な記憶であるワーキングメモリだけでなく、過去の自分の経験といった、いわゆる「長期記憶」も、極めてモロいものであることがわかっています。長期記憶はそれを思い出すたびに微妙に内容が変更され、上書き保存されているというのです。

あなたもこんな経験がありませんか？　小さいころの友だちに久々に会って昔話で盛り上がっていたら、自分と相手の記憶が少し食い違っているという経験です。「あの女の子に声をかけたのは俺だよね……」「いや、俺だよ……」なんてことはないでしょうか？

実際、人間の記憶がいかにいい加減かは、これまで有罪の大きな決め手だった目撃者の記憶による証言が、DNA検査による再調査で覆されることから明らかになっています。

人の記憶はあなたが思っているほどたしかなものではありません。

仕事でメモリーミスを避けたいのであれば、脳の限界に対して精神論で逆らっても意味はありません。この歴然たる事実をまず直視することが前提になります。

記憶力がいい人は別に脳のつくりが高性能なわけではなく、「自分の記憶の限界はどれくらいか」「どういった状況のときに忘れやすいか」「忘れないためにはどれくらい繰り返すことが必要か」といった「自分の脳の習性」を知ったうえで、効率よく対策を講じているだけなのです。

どうやったら忘れないようになるか、ではなく、どうやったら忘れっぽい自分をカバーできるか。この発想の転換ができるかがカギです。

人の記憶は変わるもの！

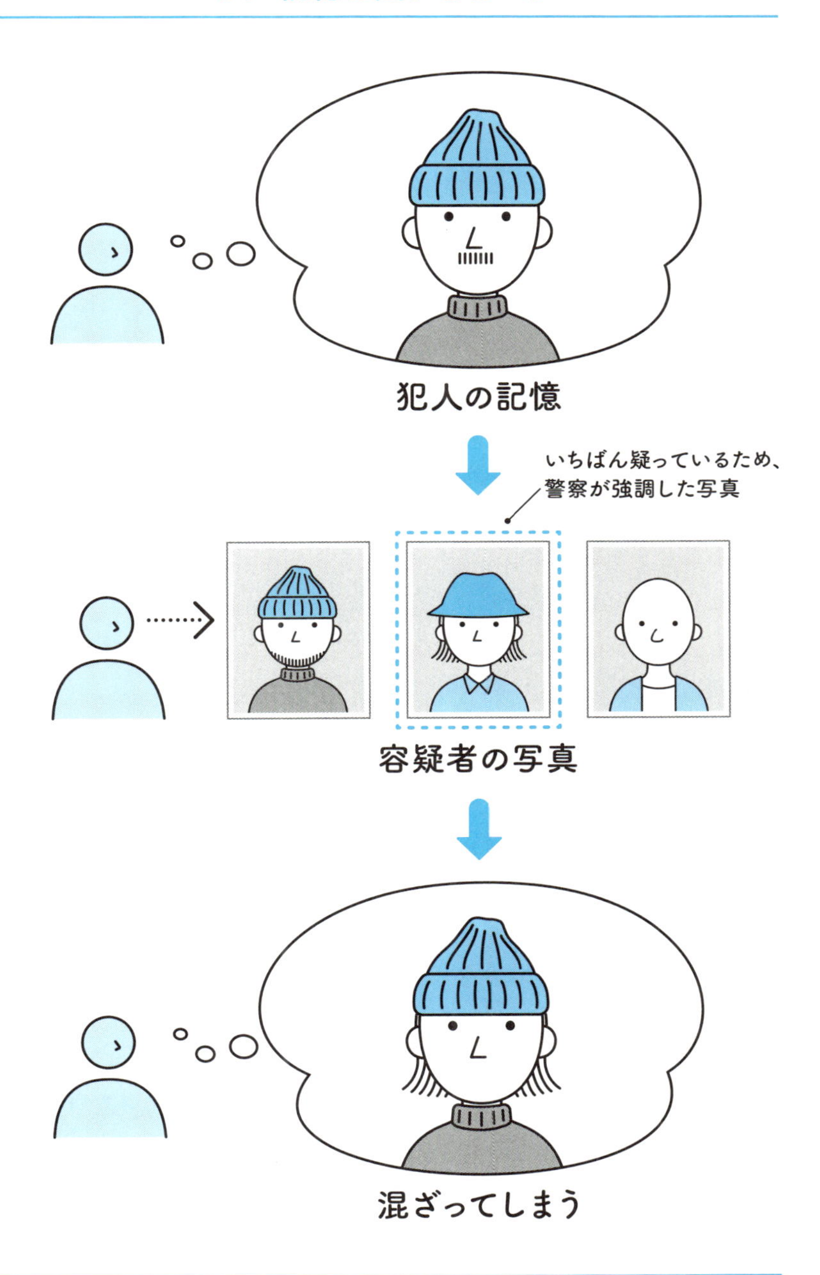

NUMBER 8

メモリーミス対策の基本＝メモする

ビジネスシーンでは、受験と違い、ほとんどの場面で「カンニング」が許されます。大半のことは頭に入れる必要がありません。

スケジュールはスケジューラーに入れておけば勝手に通知してくれますし、電話番号は一回登録すれば覚える必要もありません。人前でしゃべるプレゼンのときでさえパワーポイントを見ながら行います。

みなさんも、Dropbox や Evernote、Google カレンダーなど、各種アプリを使っていると思います。これらは世間では「仕事効率化ツール」と呼ばれていますが、言い方を変えれば「記憶補助ツール」です。

それらのツールは、人の情報処理の中核を担うワーキングメモリの負荷を減らし、情報処理をすばやくすることを通して、仕事を効率的に処理することに役立つのです。

そのなかでも、**メモこそもっとも原始的で、もっともわかりやすい記憶補助ツールであり、仕事効率化ツールといえます。**

メモをとる習慣がない人からすれば、メモを書く手間を省いて少しでも仕事を効率化している気になっているかもしれません。しかし、メモに書かずに、頭で「覚えておかなきゃ」と思うこと自体がワーキングメモリのムダ遣いであり、仕事の非効率化の要因になります。また、せっかくいいことを思いついても、メモしないと大半は忘れてしまいます。

ワーキングメモリは短期的に記憶を保存するだけではなく、作業台でもあるので、覚えておかないといけない量が増えるほど作業台が狭くなり（＝注意力を消費し）、複雑な情報の処理ができません。

その点、メモに書き残せば、即座にワーキングメモリを解放できるので、仕事の精度やスピードも上がるのです。

上司が新人に対して「メモをしなさい」と口うるさく言うのは、自分も含め多くの新人を見てきた経験上、どうせ忘れることが目に見えているからなのです。

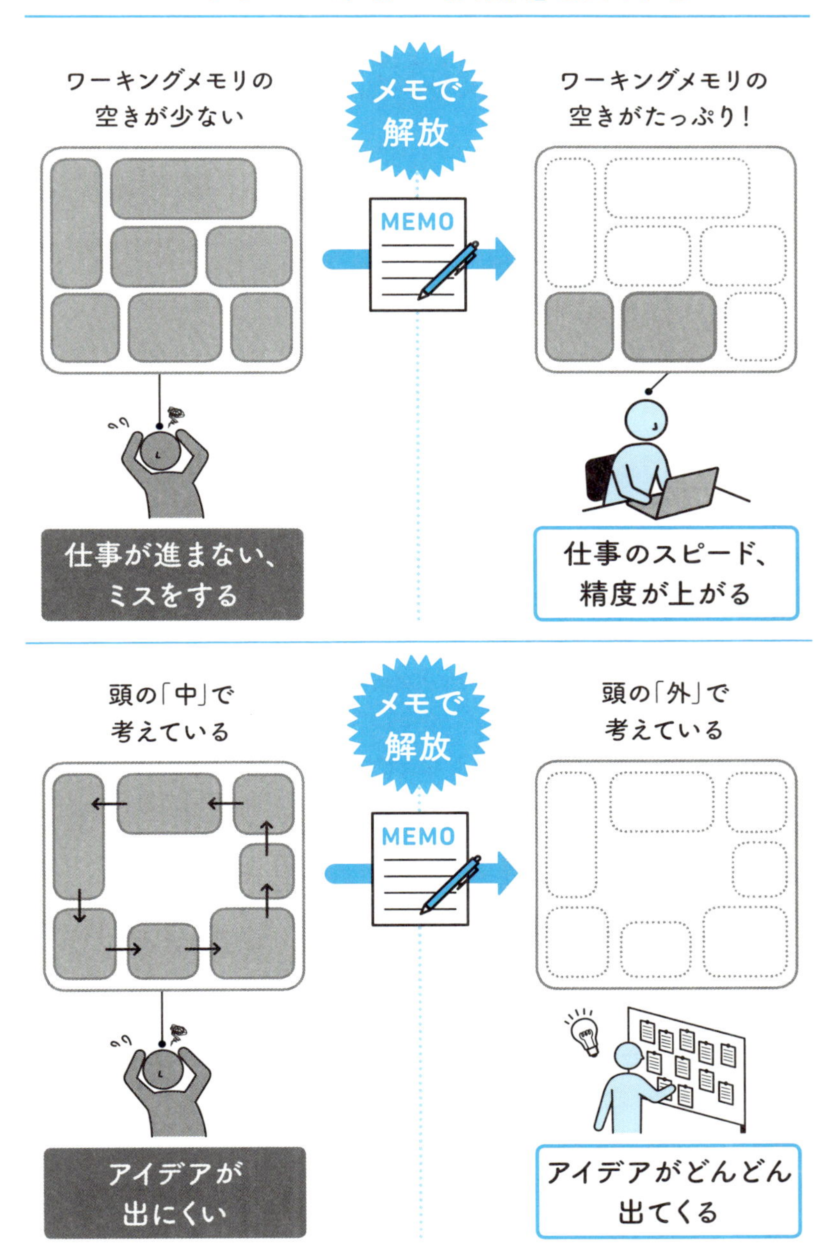
メモすることで、頭の「作業台」を広くする
ワーキングメモリの
空きが少ない
メモで
解放
MEMO
ワーキングメモリの
空きがたっぷり！
仕事が進まない、
ミスをする
仕事のスピード、
精度が上がる
頭の「中」で
考えている
メモで
解放
MEMO
頭の「外」で
考えている
アイデアが
出にくい
アイデアがどんどん
出てくる

NUMBER 9

最強のメモ術は「あなたがいちばん気楽にできるもの」

メモが面倒だと感じる人にぜひお伝えしたいのは、「完璧な記録など残す必要はない」ということです。

メモは本来「記憶のフック」として機能すれば十分。脳のメカニズム上、ひとことでもなぐり書きをしていれば、よほど情報が多いか時間が経つかしなければ、芋づる式に情報が引き出せます。メモの体裁やとり方などは、本来はなんでもいいのです（もちろん、電話の取り次ぎメモなど、他人に情報を伝えるものは除きます）。

私の場合は、20代の頃、仕事の中で常にメモを残して業務改善を行っていました。その時はメモ用紙など買っていません。「メモを入れる封筒」を用意しただけでした。メモするものは、それこそナプキンでも紙の裏でもお箸袋でもなんでも構わなかったのです。それよりも、私にとってはメモが散逸せずにまとまる「場所」だけが必要だったのです。逆に言えば、メモ自体に関する細かい取り決めをしなかったことがよかったともいえます。

仕事をしていてメモをすべきだなと思う瞬間は度々訪れます。そのとき手元にお気に入りのメモがないこともあるでしょう。メモの作法にこだわりを持ちすぎると、作法通りにいかないときにモチベーションが下がったり、無意味に行動に制約を加えてメモする手間がだんだん面倒になったりしてくるものです。それでは本末転倒です。

「何事も形から入る性格なので」という人もいるでしょうし、それを全否定するつもりはありません。ただ、作法とは手段であって、目的ではないことだけは認識しましょう。

目的はメモを習慣づけて、ワーキングメモリに頼らないことです。**これからメモを習慣づけたい人は、自分にとってもっとも気楽な手段、続けられそうなルールを選ぶことがベストです。**

おすすめの超シンプルなメモ術

細かい取り決めはせず、シンプルなものに！

自分のデスクにいるとき

❶パソコンとスマホで同期できるメインのメモ帳アプリをひとつ選ぶ（ひとつに絞ることが大事。どこにメモしたか迷わないために）

❷補助的に、右利きなら机の右側に必ずA４の裏紙とペンをワンセットで置いておく

❸メモ帳アプリに直接書き込むときの基準は「翌日以降、使う情報か否か」。当日しか使わない情報は裏紙に書き、退社時に捨てる

席を立っているとき……

❶スマホの文字入力の速さに自信があるならスマホを使う（当然、パソコンと同期できるメモ帳アプリ）。その場合、ホーム画面の最も指で押しやすい場所にメモ帳アプリを移動させておく

❷スマホ入力が遅い人ならA４の裏紙を四つ折りにして、ゴルフで使われるクリップ付きの鉛筆と一緒にシャツやズボンのポケットに入れておく（クリップ付きの鉛筆は100円均一のお店でも買えます。本を読むときもしおり代わりになるので便利です）。
デスクに戻ったら「翌日以降、使う情報か否か」を基準にしてメモ帳アプリに書き写す

❸スマホも裏紙も反射的に出せるように入れるポケットの場所だけは決めておく

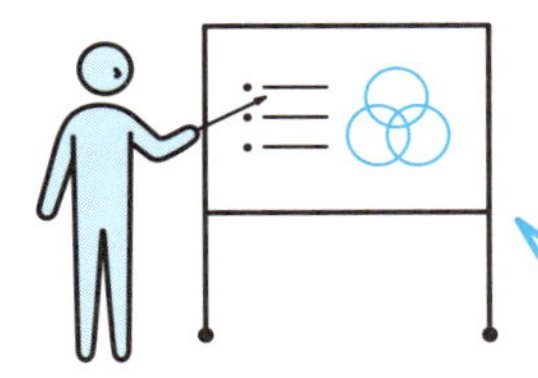

会議のとき……

❶はじめからノートパソコンを持参し、メモ帳アプリに直接書き込む（会議が始まったらマナーとしてキーボードを打ち込む音は普段よりソフトにする）

❷日付と出席者を真っ先に書く

筆記具のいらないメモ術

→外部記憶補助

メモの重要性について触れてきましたが、実はあなたの記憶を補助し、ワーキングメモリを解放するものはメモだけではありません。**周りにあるすべてのものが、メモの役目を担うことが可能なのです。**

たとえば、忘れ物の代表である「傘」。傘は、雨が降っていないと注意が向かなくなるので、いとも簡単に忘れてしまいます。ではどうするか。たとえば出張先のホテルに傘を持ってきて、「このままだと帰りに忘れそうだな」と心配になったら、退出時に必ず目につくドアノブに傘をかけておく。これも１つの「メモ」です。

この傘の例のように、**あなたの記憶を思い出すきっかけを与えてくれる外部のものを、認知科学では「外部記憶補助」と言います。**

アメリカ人の心理学者が、多種多様なカクテルの注文をバーテンダーがどうやって記憶しているのか調べたことがあります。その結果、バーテンダーは注文が入ると、あらかじめ決められたグラスを目の前に並べることで、注文を「メモ」していたそうです。最初から入れておいていい材料は、忘れないうちにグラスに入れることも行っていました。

バーテンダーは、グラスやそこに入れられたものを見ることで、記憶を呼び出していたわけです。

あなたもラーメン屋で、お店の人が注文を受けると同時にどんぶりを並べるのを見たことがあるでしょう。もちろん、これは準備の１つであると同時に、注文を記録しておく「メモ」の働きも果たしているのです。

もしあなたが上司に頼まれごとをされたときは、それに関連する資料をとりあえず取り出して机の上に置いておくだけでも「メモ」になるということです。その資料を見ることで、「そうだ、上司に頼まれていたんだ」と思い出すことができます。ぜひ、「外部記憶補助」を積極的に活用してみましょう。

外部記憶補助の例

1 目につく所に置いておく

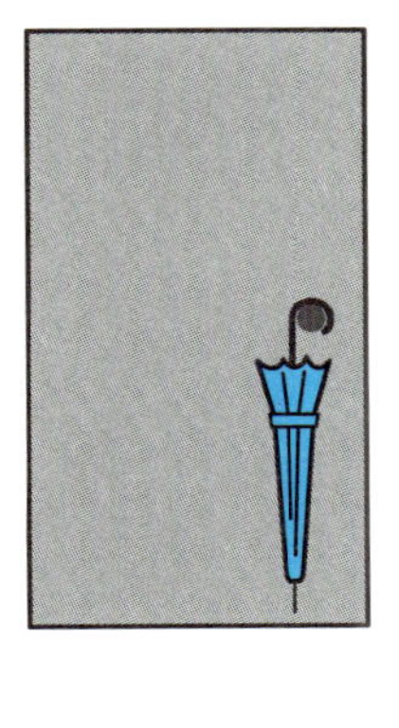

2 それをしないと使えない状態にする

3 関連するものを出しておく

4 「ついでに」出すものは、手に持って出かける

NUMBER 11

なぜ、将棋のプロは棋譜を覚えられるのか？

ここまで「メモ」などの「外部記憶補助」によってワーキングメモリの負荷を減らし、メモリーミスを減らすコツを解説してきました。しかし、**われわれの「外部」だけではなく、「内部」にある経験や知識も、ワーキングメモリの負荷を減らすことに役立っている**のです。

将棋では勝負がついたあと、戦った棋士同士で「感想戦」と呼ばれる勝負の振り返りが行われます。そこで驚くのは彼らが棋譜（駒がどう配置され、どう動いたか）を当たり前のように記憶していることです。

一般の人間であれば、ある１つの局面だけでも、ワーキングメモリがいっぱいになって記憶できないでしょう。なぜ棋士はワーキングメモリの限界を超えるような記憶ができるのでしょうか？ それは、棋士は自分の頭の中にある過去の経験や知識によって、局面を「理解」しているからです。つまり、一般の人間であれば、「あそこに飛車があって、その右上に歩があって……」と駒の種類と位置を１つずつ覚えるのに対し、棋士は盤面全体を意味あるパターン、いわば物語のように「理解」できるので、ワーキングメモリへの負荷が少なく、覚えられるのです。

一見すると、すごい記憶力を持っている（＝ワーキングメモリの容量が大きい）ように思える棋士ですが、じつはランダムに駒が並べられた盤面を覚える力は一般人と変わりません。

あなたもこのページの見出し「なぜ、将棋のプロは棋譜を覚えられるのか？」という文章を記憶することは難しいことではないでしょう。しかし、この見出しの文字がバラバラに並べられた「れ棋な将？ ぜかえプ、の棋のロるら覚は譜を」を覚えるのは難しいでしょう。

自分が持っている経験や知識を使って「理解」することで、バラバラの情報が意味ある塊としてまとまり、ワーキングメモリの負荷が減るため、覚えやすくなるのです。

情報を圧縮して、WMを節約する！

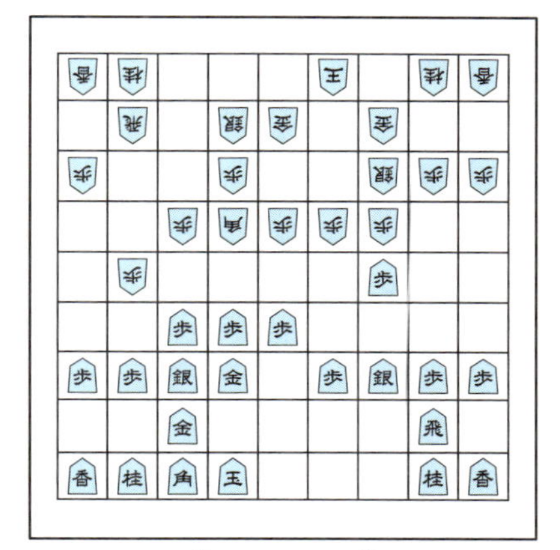

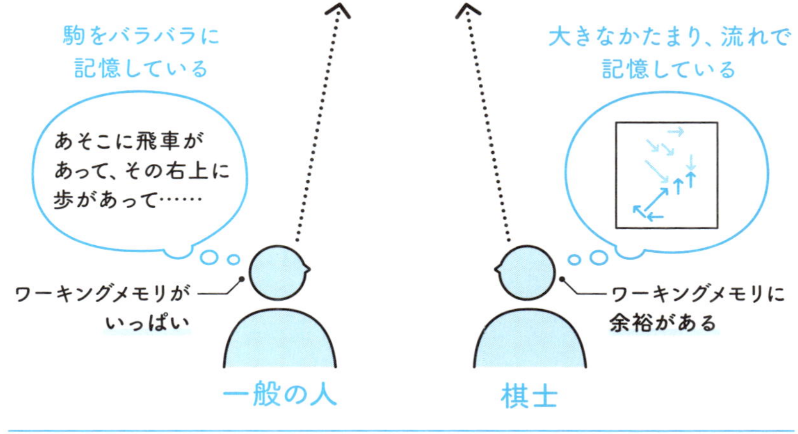

PTYMLK COOIOY

TOKYO OLYMPIC

意味がないため、
記憶しにくい ✕

○ 意味があるため、
記憶しやすい

NUMBER 12

脳にやさしい「素早く・ざっくり・くり返し」読書術

プレゼンテーションで聞き手の興味を引きやすい、聞き手の記憶に残りやすいテクニックの１つに、最初に「ポイントは３つです。１つめは……。２つめは……」と、先に大枠を伝えるというものがあります。

これがなぜ有効かは、ワーキングメモリを知ったあなたなら、もうおわかりでしょう。

いきなり１つひとつの細かい話をしても、聞き手にとって新しい言葉や情報があれば、すぐに聞き手のワーキングメモリはいっぱいになり、せっかくの話が右耳から左耳へただ通り抜けるだけになってしまいます。

そうではなくて、「ポイントは３つです。１つめは……」というように、**あえて情報を減らし、ワーキングメモリに負荷をかけ過ぎないことで、記憶しやすくできる**のです。そして、まずは３つの見出しを記憶してもらってから、それに結びつける形でだんだんと細かい話に入っていく。こうすれば、聞き手のワーキングメモリを圧迫せず、聞き手の興味を保ちつつ、その記憶に残しやすくなります。

このように少ない見出しからだんだんと細かい情報に入っていく形は、「ピラミッド（階層）構造」と呼ばれます。こうした形に整理・理解、記憶することで、ワーキングメモリの制約を超えやすくなるのです。

これは、小説などはさておき、知識がまとめられた本を読むときに有効です。最初から順番に読もうとしても、未知の分野の本、難解な本では、すぐにワーキングメモリがいっぱいになり、読み進められません。

それよりも、タイトル・見出し、それが集約された目次を活用し、飛ばし読みもしながら、くり返す中でだんだんと細かい本文に入って読んでいくほうが、ワーキングメモリを圧迫せず、楽に読むことができます。つまり、**「ゆっくり・じっくり・１回で読む」のではなく、「素早く・ざっくり・くり返し読む」**のです。

ピラミッド構造はワーキングメモリにやさしい！

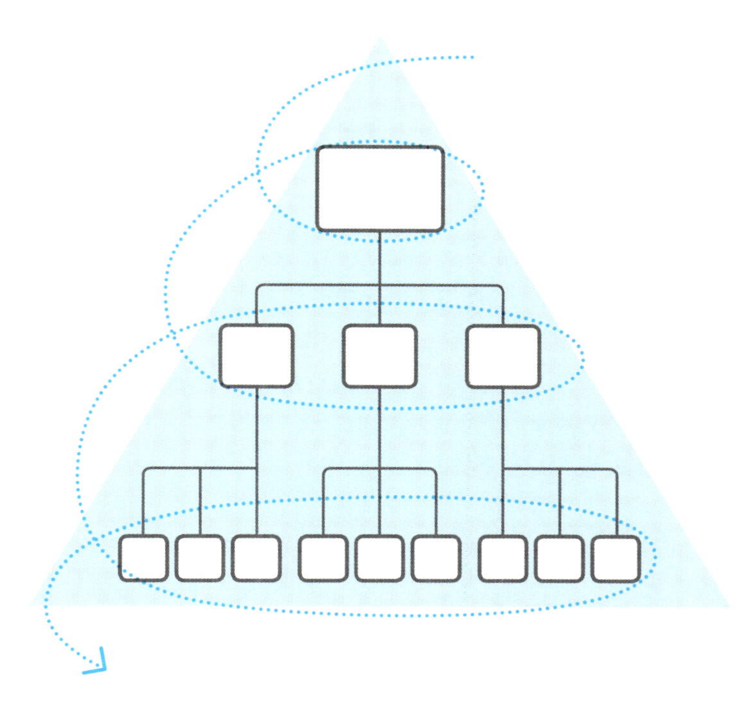

❶タイトル、見出しなど大枠から
理解・記憶していく

▼

❷くり返しながら徐々に
細かい内容を理解・記憶していく

＝

ワーキングメモリを有効活用！

NUMBER 13

「あれ、どこに置いたっけ？」をなくすには

「会議の時間が迫っているのに、人数分印刷したはずの資料が見当たらない！　どこに置いたっけ！？　時間がない！！！」

これも仕事におけるよくあるメモリーミスの１つです。

時間に追われて焦っているときほど、気になることが増え、それがワーキングメモリを圧迫して、さらなるメモリ―ミス、次章で解説するアテンションミス（見落とし）を起こしやすくなります。

こんな些細なミスも、資料を探す時間やそこから連鎖的に起こるミスの影響を考えるとバカにできません。こういったミスを少しでも防ぐために、できる対策はとっておきましょう。

てっとりばやくモノの紛失を防ぎたいなら「進行中の書類はここ！」「携帯はここ！」「家の鍵はここ！」と、**置く場所を決めておく方法が最も効果的**です。できればその場所を明確にしておくために、専用の書類置きなり、スマホスタンドなりを用意すれば習慣化しやすくなります。

ただし、複雑なルールはかえってワーキングメモリを圧迫して、ミスを誘発するので、なるべく少なく、かつシンプルなルールにすることがポイントです。

そして、**日ごろから机回りを「片づけ」ておく**こと。

片づいているとモノが見つけやすいことはもちろんですが、散らかっているとそれが気になってワーキングメモリを知らず知らずのうちに圧迫しています。片づけることは、ワーキングメモリを有効活用し、仕事の生産性を向上させることにつながります。

なかなか捨てられない資料、書類があるかもしれませんが、今ならスキャナで電子化して、いざというときに備えることもできます。迷うものはスキャンして、どんどん捨てていきましょう。

「決める」か「減らす」！

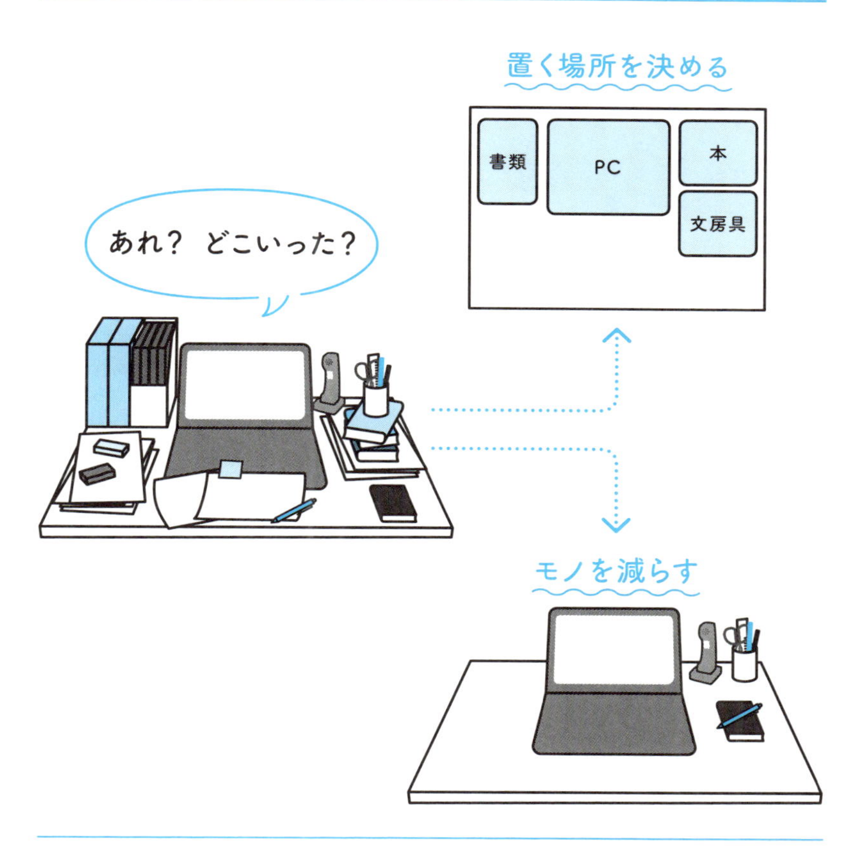

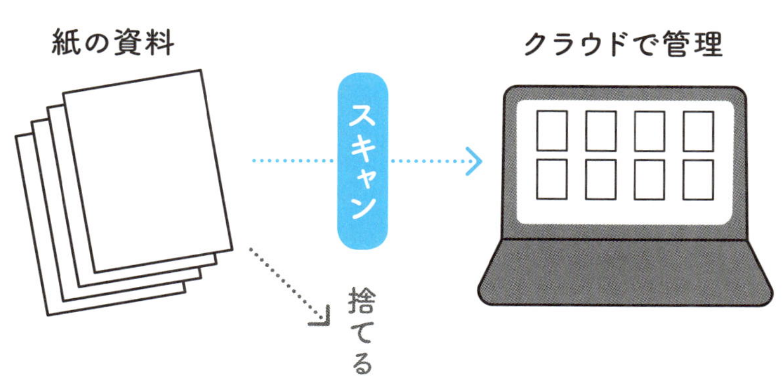

NUMBER 14

「忘れてはいけないのに忘れやすい」人の名前の覚え方

あなたは人の名前を覚えるのは得意ですか？ おそらく苦手な人の方が多いのではないでしょうか。

なぜなら**名前は一種のシンボルにすぎず、それ自体に意味があるわけではないので本来覚えにくいもの**だからです。

私の苗字が「宇都出」ではなく、仮に「山田」であっても「佐藤」であっても、私と関わる人にとっては実はどうでもいいことで、それは私を表す記号にすぎません。ですから名刺交換したものの、すぐに名前を忘れてしまうのも、普通のことです。

ただ、忘れやすいにもかかわらず、名前を覚えておくことは社会的にはかなり重要です。また、「なんとなく覚えている」ではまったく役立ちません。「確か、宇なんとかさんでしたよね…」とは言いにくいでしょう。

では、仕事で会った人の名前はどうやって覚えたらいいのでしょう。実は、簡単に記憶できる方法があります。

それは意図的に相手の名前を会話の中で呼ぶことです。

たとえば初めての商談の席で……

- 「（名刺を見ながら）齋藤部長さんですね。どうぞよろしくお願いいたします」
- 「～ということになります。齋藤部長、何かご質問はございませんか？」
- 「齋藤部長、本日はお忙しいなかありがとうございました」

やたらと名前で呼び合う欧米と違って、日本では相手の名前を呼ばなくても会話が成立してしまいます。相手の名前をあまり呼ばないため、覚えられないのです。名前を呼ばれて嫌な気分になる人はいません。**はじめて会ったときに、いかに繰り返し名前を呼べるかがポイントです。**

意図的に相手の名前を会話の途中で呼ぶ！

NUMBER 15

日本の面積＝サメに乗ったマラソンランナー！？

「人は覚えたことをすぐに忘れます」よりも、「人は1時間後には覚えたことの56％も忘れるという実験結果があります」というように、具体的な数字があるほうが、説得力が増しますよね？

ビジネスにおいて、具体的な数字は効果的です。しかし、「数字」は、なかなか意味づけがしづらく、覚えにくいもの。この覚えにくい「数字」を意味づけして覚えてしまう「数字記憶術」をご紹介します。

これは、**数字の1はア行（あ・い・う・え・お）のどれか一文字、数字の2はカ行（か・き・く・け・こ）のどれか一文字といった具合に変換して言葉にし、イメージを使って記憶する方法**です。

たとえば、日本の総面積は37万7900㎢ですが、これを約38万㎢として「38」を「サ行の一文字＋ヤ行の一文字」ではじまる言葉に変換します。1つの例としては刀の「鞘（さや）」がありますね。

こうして数字を言葉に変換したうえで、その言葉（「鞘」）と数字が意味する言葉（「日本」）と結びつけるイメージ、たとえば、日本列島に「鞘」が突き刺さっているイメージを思い浮かべて記憶するのです。

二桁以上を覚えたければ、二桁ずつに分けて、それぞれを言葉に変換し、変換した言葉をくっつけます。なお、奇数の桁の場合は最初か最後に「0」をつけて二桁ずつになるようにしてください。

先ほどの日本の面積をもっと細かい数字まで覚えるのであれば、「37」、「79」をそれぞれ変換し、組み合わせます。

たとえば、「37」は「サメ」、「79」は「マラソンランナー」に変換し、「サメに乗ったマラソンランナー」とつなげ、そのサメが日本の周りをグルグル回遊しているイメージにするのです。

「これは！」という大事な数字は、この「数字記憶術」を使って記憶して、さりげなく会話に盛り込んでいきましょう。

数字をイメージに変換する

1 → あいうえお	6 → はひふへほ
2 → かきくけこ	7 → まみむめも
3 → さしすせそ	8 → や ゆ よ
4 → たちつてと	9 → らりるれろ
5 → なにぬねの	0 → わ を ん

イメージ例

「サメに乗ったマラソンランナー」
（3 7）万　（7 9）00km2

第2章

アテンションミス

Attention Errors

× 文章の誤字脱字

× メールの送信先の間違え

× 数字の桁間違え

× 相手の話を聞いていない

× 注意散漫で仕事が進まない

→本章を読めば、これらの原因と対策がわかります

NUMBER 1

人は「眼」ではなく、「脳」で見ている

この章で取り上げるのは「アテンションミス」。注意に関わるミスで、「うっかりミス」や「見落とし」などが代表的です。

最初に簡単な実験をしてみましょう。顔を上げて、周りの風景をしっかり見てみてください。いろいろなものが目に入ると思いますが、とにかく、すべてをしっかり観察してください。

では、あなたに質問です。今見た風景の中に「青色のもの」はあったでしょうか？ あったとしたらそれは何でしょうか？ 顔を上げたくなる気持ちを我慢して、眼を閉じて思い出してみてください。

おそらくほとんどの人は思い出せなかったのではないでしょうか。

では、もう一度、周りの風景をよく見てください。今度は青色のものがまるで浮かび上がるように目に飛び込んできたはずです。

このように、**同じ風景を「しっかり」見ていても、実際に目に入る事柄は、あなたが注意をどこに向けていたかで変わってくる**のです。

人は世界をそのまま見ているようで見ていないのです。

毎日見ているお金でも、裏の模様はよく覚えていませんよね？ これに関するわかりやすい例に「錯視」と呼ばれる現象があります。右ページの図に、２人の人物が描かれています。さて、奥の人物は手前の人物より大きいでしょうか？ 奥の人物が大きく見えるかもしれませんが、２人は同じ大きさです。

私たちは世界をそのまま見ていると思っていますが、目から入った情報は脳で処理されることで初めて認識できます。つまり、**私たちは「眼」ではなく「脳」で見ている**のです。

つまり、アテンションミスというのは特別なことではなく、常に起こっているともいえるのです。まずこの事実を自覚することが、アテンションミスをなくす第一歩です。

毎日見ていても、覚えていない！

いつも使っているお金。
裏に何が書いてあるか覚えていますか？

錯視

平面上に「奥行き」が描かれている。普通、遠くにいる人ほど、われわれには小さく見えるので、脳がそれを補正しようとして右側の人物を大きく見せようとする

NUMBER 2

しっかり見ようとすると、見えなくなる

アテンション（注意）を向ける対象によって、見えるもの、見えないものがあることを知らしめた、ハーバード大学の実験があります。

まず、黒いユニフォームと白いユニフォームを着た2チームが入り乱れて、それぞれのチーム同士でバスケットボールをパスしていく1分ほどの動画（以下のURL）を見ます。動画の冒頭では、次の課題が出されます。「白いユニフォームのチームが何回パスするか数えてください」。

http://www.theinvisiblegorilla.com/videos.html

実はこの課題は、注意を誘導するためのもので、動画は両チームと関係ないあるものに気づいたかどうかを試すのが趣旨です。

１章で解説したように、アテンションという「腕」によって新しく入ってきた情報をつかんで、「覚えた！」という状態をつくっているのがワーキングメモリのメカニズムでした。そしてこの「腕」の数が限られているため、同時に注意を向けたり、記憶したりできる情報に限りがあるのでしたね。先ほどのハーバード大学の実験で、このワーキングメモリがどんな様子だったかを表すと、右の図のようになります。

おそらく１本の腕は白いシャツを着ているチームがパスをしている「ボール」に向けられていたでしょう。そして何本かの腕は、白いシャツを着ている「メンバー」を掴んでいたに違いありません。

また、忘れてはならないのが「パスの回数」です。「1回、2回……」とカウントした数をワーキングメモリ内に蓄えるために、少なくとも1本の腕が必要です。この腕を手放すと、せっかく数えてきた努力が水の泡になるので、かなりの注意を払っていたはずです。

このように、かなりの数の腕を使わされて、「ワーキングメモリに余裕がない状態」になっていたのです。**しっかり見ていても、しっかり見ていたからこそ、気づけないのです。**

ゴリラにアテンションが向かない！

ここまでわかりやすいのに
気づかないのはなぜ……？

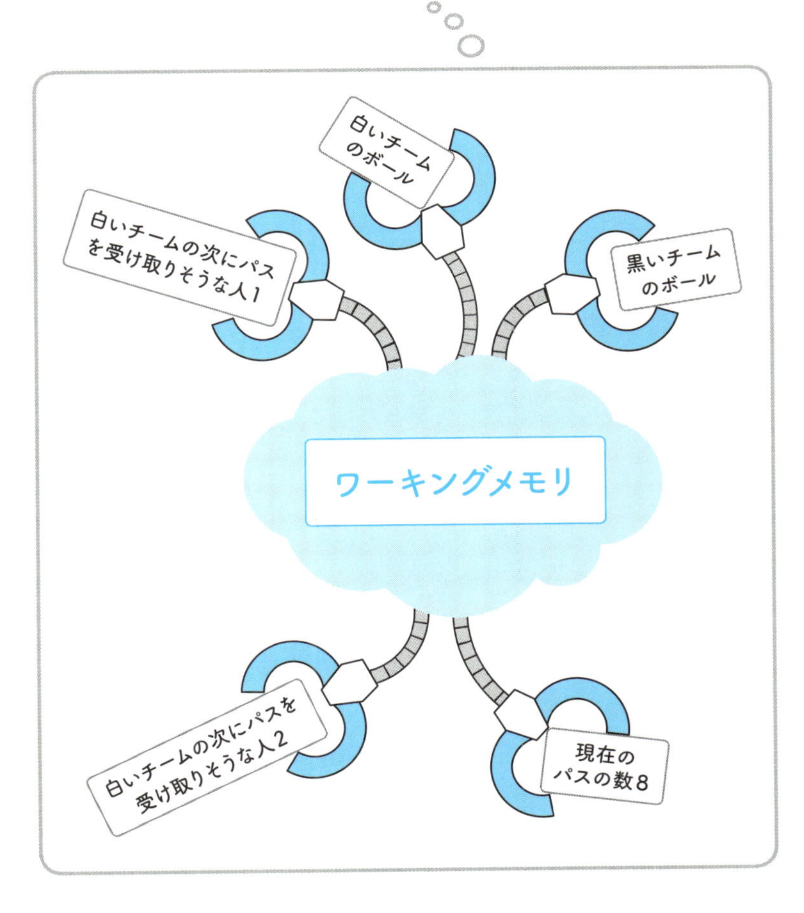

NUMBER 3

スマホが机にあるだけで脳の働きが悪くなる

また、先ほどの動画では、さらにワーキングメモリの「腕」を使っているものがあります。何かわかりますか？

それは黒いシャツを着ているチームです。

「黒いシャツを着ているチームは無視していいのだから、ワーキングメモリを使っていないのでは？」と思われるかもしれませんが、**物事を無視（専門用語で「注意抑制」）するためにも、実は注意が必要であり、ワーキングメモリを圧迫する**のです。もし、黒いシャツを着た人がいなかったら、白いシャツのチームのパスは楽に数えられたでしょう。

「気を散らさないようにする」ことは、ワーキングメモリを有効活用するために大事です。ここで問題になるのは「気を散らす」モノやコトです。

たとえば、スマホです。仕事中、スマホを開きたくなったことはありませんか？ メールやSNSをチェックしたくなったり、気になるニュースを見たくなったりするときも確実にワーキングメモリを使っています。

実際、**スマホが机の上に置いてあるだけで、頭の働きが低下する**という実験結果も出ています。集中したいときは、スマホをカバンの中など見えない、届きにくいところに片づけてしまいましょう。

コンビニやスーパーで「甘いモノを買っちゃいけない」とスイーツから注意を逸らそうとしているときも、ワーキングメモリが使われています。その結果、思考力が低下して、結局のところスイーツを買ってしまった……ということも起こります。ワーキングメモリの限界を自覚して、「君子危うきに近寄らず」です。また、「こぼしちゃいけないよ」と注意すると、相手は「こぼさないようにしなければ…」と失敗イメージを追い払うためにワーキングメモリが使われて余裕がなくなり、結果的に失敗したりすることもあります。それよりも「丁寧に運んでね」というように、**成功イメージを喚起するほうが、成功する可能性が高まる**のです。

「腕」を使うのは「注意するもの」だけではない！

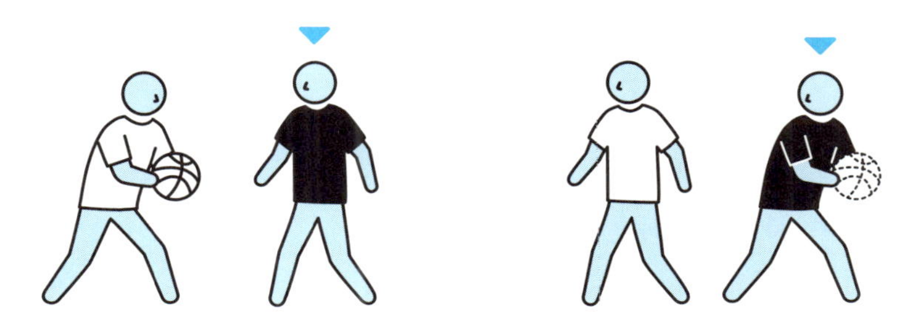

注意を向けないためにも
注意が必要！

「注意抑制」は日常にあふれている！

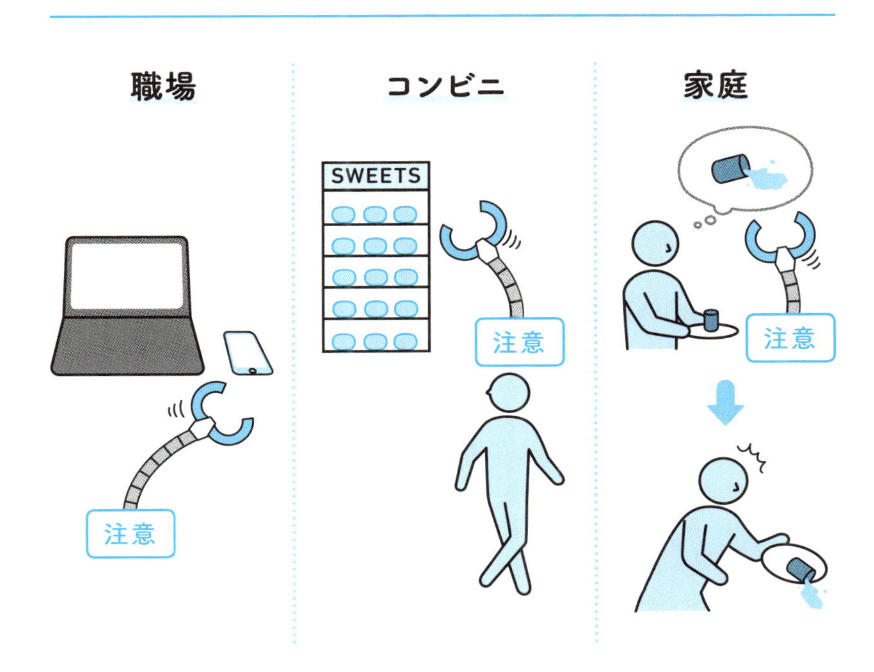

NUMBER 4

悩めば悩むほど ミスが起こるワケ

アテンションミスを頻発する人は、共通して注意の「腕」の浪費家です。ムダ遣いしすぎて、本来、注意を集中させるべき仕事に割く十分な数の「腕」が残っていないのです。

とくに浪費しているのが、過去の「後悔」と将来への「不安」。これらは、いったんハマるとどんどん増幅し、気づくとすべての腕が占拠されていた……なんてことが起きるからです。

・後悔パターン：「あのとき、なぜ、あれをしなかったんだろう……」⇒「もしそうしていれば、あんなことも起こらなかった……」⇒「あれさえなければ、今頃はもっと良くなっていたのに……」
・不安パターン：「このままでいいんだろうか？」⇒「このままいったら、もしかして、ああなってしまうかも……」⇒「もしそうなったら、あれもダメになるし……大変なことになってしまう……」

これを解消するためには、**書き出して、頭の外に出すこと**。頭の中で考えていると、同じことを何度も何度も繰り返していることが多いのですが、書き出してしまえばその繰り返しは起こらなくなります。
頭の中で考えている間は「大変だ」と思っていたものが、書き出してみると「大したことなかった」ということはよくあります。
そのほか、「連絡しようと思いながら、連絡できていないこと」など「やろうと思っていながらやれていない」未完了のことが、われわれの注意を使っています。
こういった未完了で気になっていることを、とにかく書き出してみましょう。そして、それを少しずつでも完了したり、いつ完了するかを明確にしたり、さらには完了しないことを明確にするだけで、気にならなくなるものです。

不安や後悔がミスを起こす！

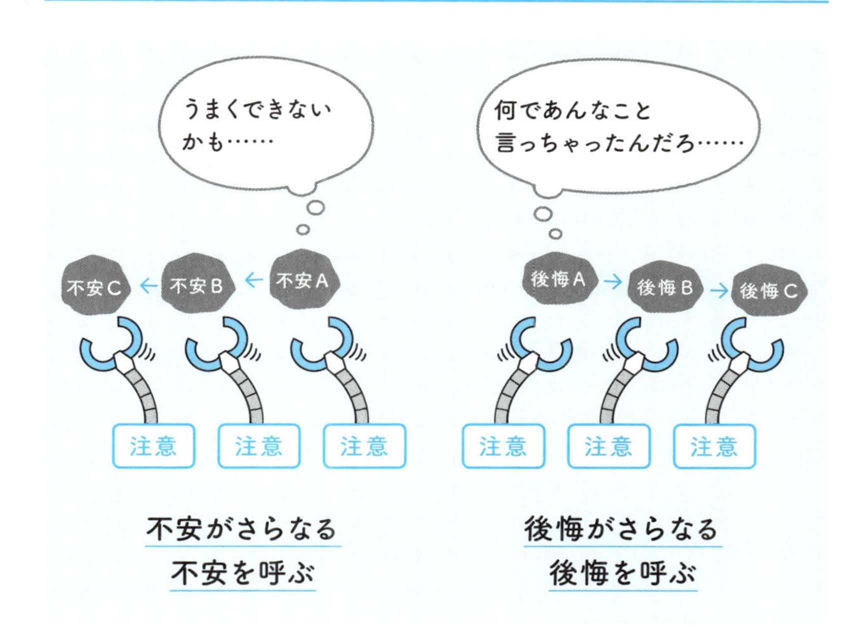

悩んでいるほど、
注意が奪われてミスが
起こりやすい

負のスパイラル

ミスが起こると、
不安、後悔をしやすい

この悪循環から
抜け出すために
書き出す！

NUMBER
5
「ミスするな！」という注意がミスを引き起こす？

アテンションミスが起こるメカニズムを踏まえた、ミスをなくす基本対策を解説していきましょう。

１つ目の対策は「がんばって見ない」ことです。

「逆でしょう？」と思われるかもしれません。もちろん、「ぼ～っと見る」のはダメですが、「がんばって見る」からかえって見落としてしまうことがあるのです。46ページで紹介したバスケットボールの実験で、ゴリラが見えなかった原因もこれです。

たとえば目の前でトランプや硬貨などを操るテーブルマジック。「トリックを見破ってやろう」と注意を向ければ向けるほど、マジシャンの思うツボです。なぜなら、**がんばって見ようとするほど、視野が狭くなり、注意の死角が生まれる**からです。

アテンションミスをなくすためには、極端に視野を狭くしないこと、つまり、あまりがんばらないことが重要なのです。俯瞰すること。ちょっと引いた眼で、今まで以上に広い視野で物事を見るということです。

でも、われわれは部下や後輩、子どもがミスをすると、「気をつけろ！」とか「しっかりしろ！」と言って、相手に「がんばって見る」ことを強いてしまいがちです。

言われたほうは、視野が狭くなってしまうことに加え、「またミスしたらどうしよう？」という不安のほうに余計な注意を取られ、ワーキングメモリに余裕がなくなり、ミスをしやすくなるのです。

人は放っておいても、目の前のもの、短期的なことに注意を奪われ、狭い視野にはまりがちです。ダイエットをしようと思っても、目の前の誘惑に負けてしまう人が多いことは、よくご存知ですよね。

自分自身を含め、人のミスをなくそうと思えば、できるだけ視野を広く保てるように、あれこれ考えさせないように関わりましょう。

アテンションミスを防ぐには？

対策 「がんばって見ようとしない」こと

シンプルなフレームワークがあなたを「デキる人」にする

視野が狭まることを防止するときに役立つのが、コンサルタントがよく使う「**フレームワーク（枠組み）**」と呼ばれるツールです。これは「**どこに注意を向けるべきかを事前に決めてあるルール**」といってもいいでしょう。フレームワークを使えば、大事なポイントを見落としなく考えることができます。

たとえば、企業戦略を考えるときに使うフレームワークで「3C」と呼ばれるものがあります。Company（自社）・Customer（顧客）・Competitor（競合）のことを指します。

これを使えば、今まで「自社」のことばかりに注意を向けて考えていたとしても、強制的に「顧客」や「競合」についても注意を向けるようになります。そうすることで、「顧客のことをすっかり忘れていた！」「競合相手が意外と手強かった！」といったアテンションミスを回避できるのです。

「わざわざフレームワークを使わなくても……」と思うかもしれませんが、ワーキングメモリの容量は少ないため、あることに注意が向いてしまうと、別のことに注意を向けることは簡単ではありません。

たとえば、仕事の優先順位を考えるときに使うシンプルなフレームワークに「緊急性・重要性」があります。たとえこれを知っていたとしても、多くの人が重要性を考えることなく、今求められることに引っ張られて、つまり、緊急性だけで仕事をしてしまいがちです。

自分自身の仕事を振り返ってみると、「緊急ではないけれど重要である」仕事が先延ばしになっているのではないでしょうか？

こういった事態を避けるためにも、シンプルであってもフレームワークを活用し、**検討事項をあらかじめ頭の外に書き出して、注意の漏れがないようにすることが重要**なのです。

注意すべきところを決める！

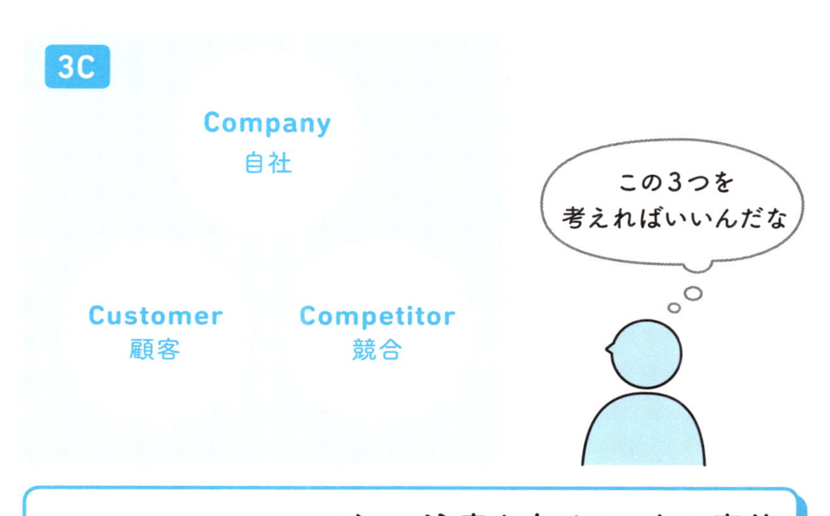

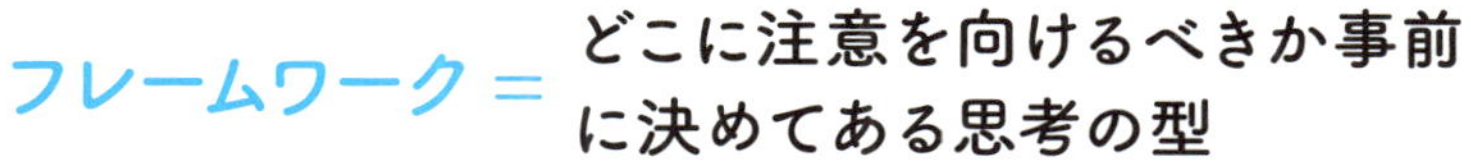

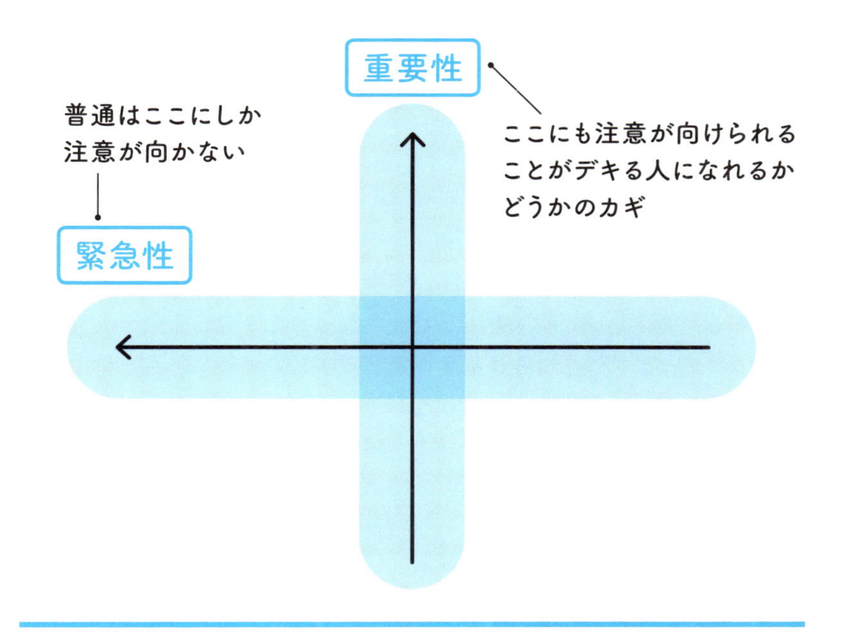

NUMBER 7

なぜ「基本の徹底」が大事なのか？

46ページで取り上げたバスケットボールの動画ですが、はじめて見た人でも、パスの回数を正確に数えつつ、ゴリラの着ぐるみに気づいた人がいます。それはどんな人でしょうか？

1つ考えられるのが、バスケットボールの経験者です。なぜかというと、バスケットボールのパス回しを見ることに慣れているので、余裕を持って動画を見られるからです。

これは、「クルマの運転」で考えるとわかりやすいでしょう。運転免許をとりたての人は、ハンドル操作やミラーをあれこれ見るのに注意が取られてワーキングメモリがいっぱいです。このため、助手席に乗っている人に話しかけられようものなら、極めてミスが起こりやすい状態になってしまいます。

しかし、運転に慣れてくると、ハンドル操作もミラーチェックもとくに意識せずともできるようになり、ワーキングメモリに余裕ができるので、運転しながら同乗者と楽に会話できるようになるのです。

仕事でも同じです。**ある作業の経験を積んで身体で覚えてしまえば、その作業を行うのに、必要な「腕」の本数が減り、ワーキングメモリに余裕ができて、さらにレベルの高い作業ができるようになります。**

仕事でアテンションミスを減らしたいなら、ミスをした自分を責めるのではなく、まずはさっさと基本作業を徹底して訓練し、目をつぶってでもできるぐらいに慣れてしまうことです。一方、簡単だからと言って基本をおろそかにしないこと。基本を徹底することで、初めて次のレベルの、より難易度の高い仕事に取り組めることができます。

基本をいい加減にしていると、いつまでたってもそこにワーキングメモリを食われて、ミスがいつまでたってもなくならず、次のレベルの仕事を任せられるようになりません。

同じ仕事でも、ワーキングメモリの余裕度には差が！

ワーキングメモリ

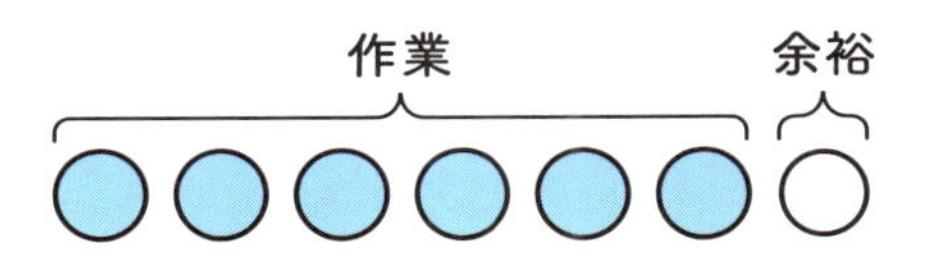

新入り

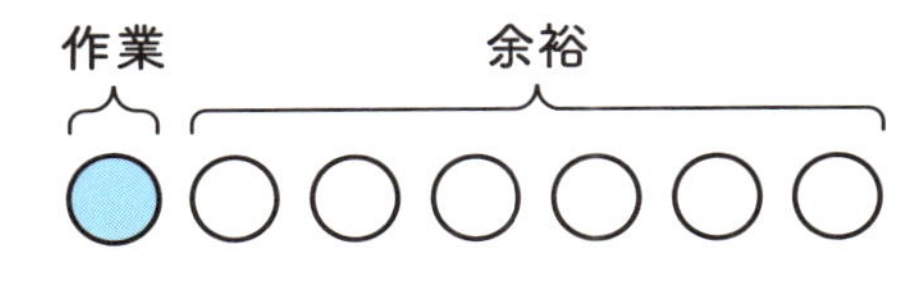

ベテラン

クルマの運転で考えると……

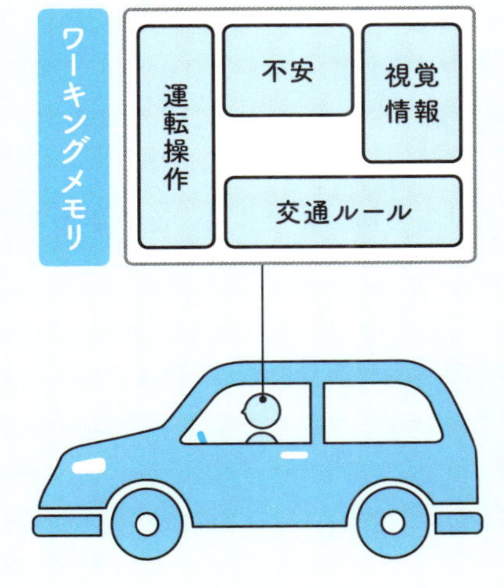

運転に慣れないうちはワーキングメモリがいっぱい

慣れれば操作は体が覚えるし、必要な情報にのみ注意を払うので余裕ができる。隣の人とも会話できる。

NUMBER 8

書けば書くほどミスは減り、考えもまとまる

ここまでフレームワークを活用して注意を意識的に振り向けることや、仕事を身体で覚えて注意に余裕を生み出すといった基本対策をお伝えしてきました。

もう1つの基本対策は、**「注意のムダ遣いを減らす」**ことです。

仕事でなかなか集中できないとき、たいていの人は大小の心配事や関心事を抱えています。あれこれ考えすぎて注意の「腕」が足りていない状態ですね。じつは、こうした状態を回避するシンプルな方法があります。

それは話す、または書き出すこと。つまり、アウトプットすることです。

2013年に発売され、20万部を超えるベストセラーになった『ゼロ秒思考』（ダイヤモンド社）という本があります。マッキンゼーのコンサルタントだった赤羽雄二さんの著書で、一瞬で答えが出るようになる方法を書いたものです。

その方法というのが非常にシンプルなものでした。白紙のＡ４の紙（何かの裏紙がおすすめ）を用意して、毎日とにかく気になることを書き出す。基本はこれだけです。しかし、たしかにこれは効果的なのです。

なぜかというと、**ワーキングメモリを占拠していることを書き出すことで外に出し、注意という「腕」をそれらから解放することができる**からです。

結果、紙に書き出すことで頭の中の情報を整理し、自分の考えをまとめることができるほか、ワーキングメモリに余裕が生まれ、情報の処理や思考が効率化されます。

ほんとうに頭をフルに使って考えるときには、腕を組んでウンウン唸るよりも、腕を動かし、頭の中に浮かんだことを書き出しながら考えること、つまり**頭の「外」で考える**ことが重要なのです。

書き出して、注意のムダ遣いを減らす！

考えていることを書き出せば、ワーキングメモリの負担は減る！

NUMBER 9

シンプルなチェックリストがミスをなくし、命を救う

チェック作業を明文化したものがチェックリストです。

品質と安全が第一の製造業や建築業などに携わる人はチェックリストを日々使っていることでしょう。

その究極の例が航空機のパイロット。アテンションミスが生死に直結する仕事ですから、どれだけベテランの機長であっても、膨大なチェックリストに沿って仕事をこなしています。外科手術の現場でも、チェックリストを使うようになって医療ミスが激減したという例があります。

「自分の仕事はそこまで複雑ではないし、生死にかかわることでもないから…」と思うかもしれませんが、**チェックリストはどんな仕事でもミスをなくし、仕事の質を上げるために有効です。**

確かに、仕事の経験を積めば、「前回あれを忘れたから気をつけよう」「ここはミスしやすい箇所だな」などと注意を割くべきポイントがわかり、チェックリストなんて要らないと思うかもしれません。

しかし、毎回、必要なチェックポイントを思い出すことに確実に注意を使い、ワーキングメモリを圧迫しています。最初、チェックリストをつくるときには確かに手間はかかりますが、一度つくってしまえば、それ以降はワーキングメモリに余裕が生まれ、仕事の質が上がります。

海外出張が多い方であれば、「持ち物リスト」を１回つくってしまえば、パッキング作業はすぐに終わりますし、「なにか入れ忘れた気がするんだよなぁ」といったおなじみのソワソワした気分（これもワーキングメモリのムダ遣い）もなくなります。

なお、何かの記入フォーマットをつくることも、記入項目を整理し、記入漏れをなくすという意味で１つのチェックリストの役割を果たします。**限られたリソースであるワーキングメモリにムダな負担をかけないように、チェックリスト・記入フォーマットなどを整備していきましょう。**

頭の中のチェックリストを外に出す！

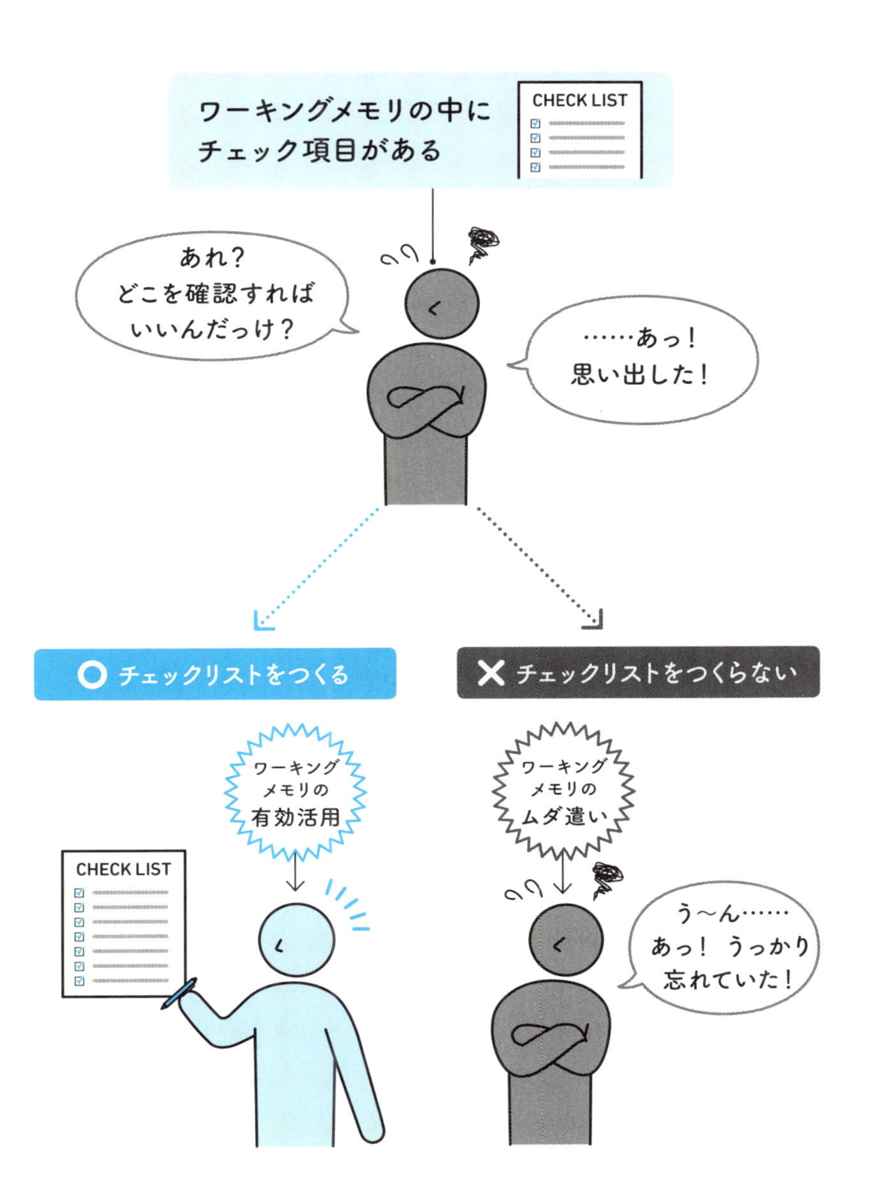

NUMBER 10

「すぐやる」ことで、ミスは減る

「すぐやる」ことも注意のムダ遣いを減らし、ワーキングメモリを効果的に活用するための１つの手段です。

「すぐやる」ことで「やること」を覚えておく必要がなくなり、ワーキングメモリが解放され、フルに活用できるようになるからです。

また、すぐやらない場合、未来はどうなるかわかりませんから、そこに大きな可能性があったとしても、考えれば考えるほどリスクが浮かんできて、そこにどんどん注意がとられてしまいがちです。

そうなるとワーキングメモリはいっぱいになって、「結論が出ないということは、いまはそのタイミングではないのだ」と、言い訳がましい決断を下す場合が多くなります。

会社でも何度も会議を開いた挙句、結論がうやむやになり、結果的に現状維持を選ぶ、ということはよくありますよね。

人が安全を求め、リスクを避けようとするのは動物としてのサバイバル本能を考えたらごく自然なこと。しかも高度な知能を持った人間は、「やらない理由」を思いつくことに関しては誰しも天才です。

見えない「不安」や「リスク」ばかりに注意をとられ、「可能性」が見えなくなってしまうので、これも一種のアテンションミスといえます。

「すぐやる」とは、余計なことを考えず、行動に移すことに重きを置いています。行動に移せば、それは経験となり、必ず何かしらの反応や結果が生まれます。いわば、外の世界というメモに書き出しているのです。

そして、その書き出されたものを元に考え、また行動を起こしていく。「すぐやる」ことで常にワーキングメモリがすっきりした状態で、注意をフルに使えることがおわかりいただけると思います。

「すぐやる」＝「何も考えない」ではありません。頭の中ではなく、頭の外の「世界」にメモしながら、効果的に考えることでもあるのです。

すぐやる＝外の「世界」にメモすること

すぐやる	結局やらない

経験する 反応・結果が出る	頭の中で あれこれ考える

外の「世界」にメモを とっている	不安・憶測が 増える

ワーキングメモリに 余裕が生まれる	ワーキングメモリに 余裕がなくなる

深く考えられる	深く考えられない

NUMBER 11

マルチタスクとシングルタスク、どっちが効率的？

ビジネスの世界では、同時にさまざまな仕事をこなす「マルチタスク」と、1つの仕事に集中する「シングルタスク」のどちらが効率的なのか、よく議論になります。

ここで注意してほしいのが、マルチタスクといっても、「注意」が限られている以上、実際にはシングルタスクを素早く切り替えているのにすぎないということです。素早く切り替えながら、いろいろな仕事をしていると、なんだかたくさんの仕事をしている気になるかもしれません。しかし、気をつけたいのがタスクを切り替えるときに生じているロス。タスク切り替えの際に、必要な情報をいちいち呼び出し直さないといけないからです。

仕事をしていて話しかけられたり、電話が入ってきたり、メールをチェックしたりして仕事が中断されると、元の仕事にすぐには戻れない、といった経験をしたことはないでしょうか。

わずかなことなのであまり意識しないかもしれませんが、1日に何度もタスクを切り替えることを考えると、そのロスはかなりの量になります。**一見効率的に見えるマルチタスクは、このロスを考えると、実は非効率なのです。**

とくに現代はニュースやメール、ＳＮＳ、各種アプリのプッシュ通知などによって仕事が細切れに中断される機会が増えています。つまり放っておいてもマルチタスクになってしまう環境です。

だとすれば、**自分でコントロールできる範囲のことはできるだけシングルタスク化をするのはもちろん、スマホやネットを意識的に遮断し、マルチタスク化することを防がないと、仕事の質は下がる一方です。**

マルチタスク＝シングルタスクを切り替えている！

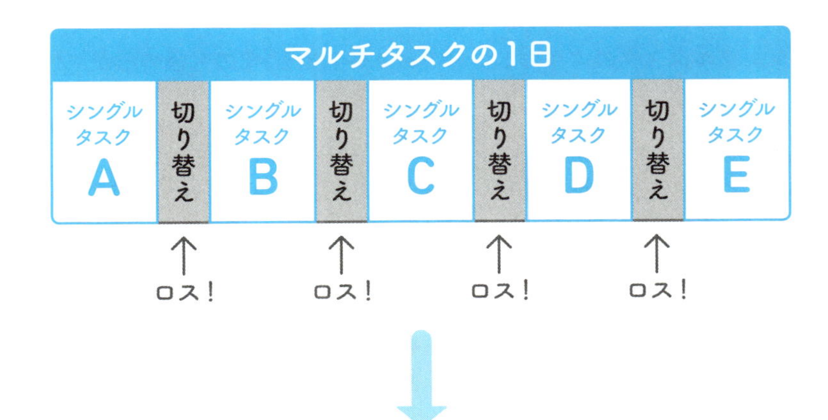

1日で合計すると、

注意の大きなムダ遣い！

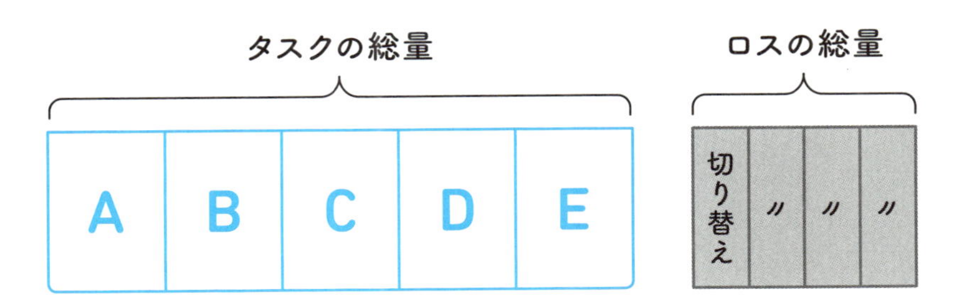

NUMBER 12

ゾーンのポイント①
決まった動作が集中に導く

シングルタスクのように１つのことに集中する。**その究極の形が「ゾーン」や「フロー」と呼ばれている状態です。**

そこでは一切の雑念がなくなり、対象に意識が集中しています。かといって一所懸命、対象に注意を向けようとしているのではありません。自然と注意が向いている、言わば、自分と対象とが一体化した状態になっています。

このため、注意というリソースをほとんど使わず、ワーキングメモリもスッキリした状態で、情報処理の精度も高く、頭の回転が速くなったように感じられます。視野は狭くならず、自分自身も含めて状況を広くとらえられています。仕事がはかどるのも当然です。

いつでも、この状態に入れれば理想的ですが、「ゾーンに入れ」と人から言われたり、自分に言い聞かせたところで入れるものでもありません。ただ、ゾーンに入りやすい条件や方法はあります。

ここからは、その具体的な方法について詳しく解説していきます。

ゾーン・フローという状態が注目されだしたのはスポーツの分野からです。多くの一流選手がこの状態を活用していることがわかってきました。そして、**ゾーン・フローに入るためにアスリートが行っていることとして注目されているのが「ルーチン」と呼ばれる、一連の決まった行動です。**その行動をする中で自分が集中できる世界に入っていく、いわば「脳のプログラミング」です。

２０１５年のワールドカップラグビーで強豪南アフリカを破った日本代表の五郎丸選手が、キックをする前に行うルーチンが注目され、その重要性がしきりに言われるようになりました。

ただし、ルーチンとはゾーン・フローに入りやすくするための１つの手段・条件にすぎません。本書では仕事において入りやすくするための手段・条件をさらに３つ紹介しましょう。

「ルーチン」は脳のプログラミング！

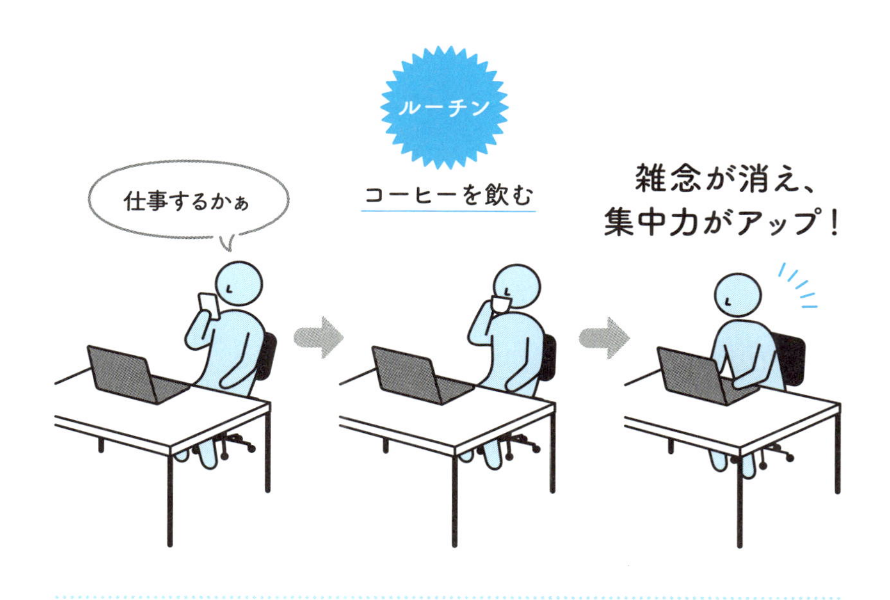

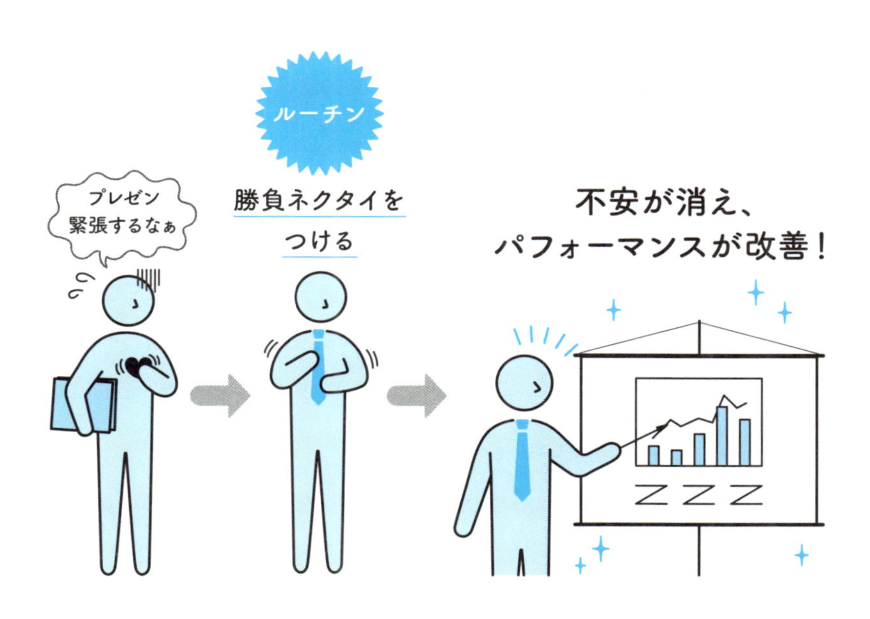

NUMBER 13

ゾーンのポイント②

ゾーンに入りやすい環境

ルーチンは、試合本番、プレゼン本番をはじめ、集中しにくい環境の中であっても、ある一定の動作を入口にして、ゾーン・フローに入りやすい環境を創り出し、そこに入っていく方法です。ぜひ、ご自身なりのルーチンを開発・活用してもらいたいのですが、ただ、このルーチン以前にやれること、やるべきことがあります。

それは、自分がゾーンに入りやすい環境を整えること。わざわざゾーンに入りにくい環境に身を置くことはありません。ルーチンからゾーンに入るのは鍛錬が必要ですが、環境を整えることは、だれでもできます。そのポイントを時間と空間（視覚＆聴覚）という観点から整理しました。

・時間……おすすめは早朝

脳は寝ている間に記憶を整理します。このため起きたばかりのワーキングメモリはスッキリした状態です。また、早朝は活動している人も少なく、注意を削がれる要因が少ないので、仕事は間違いなくはかどります。

・空間（視覚）……注意を引くものから逃れる

漫画『スラムダンク』の作者・井上雄彦氏が、ネームを書くときの場所はお気に入りのカフェ。その理由は「家や事務所だと誘惑が多すぎるため」。あえて情報を遮断できる空間に身を置くのです。なお、要注意はスマホ。持っていかない、もしくはカバン奥深くにしまいましょう。

・空間（聴覚）……静寂よりも適度な雑音

静かなほうがゾーンに入りやすいと思うかもしれませんが、静かだと小さな音でも気になり、逆効果です。むしろ、カフェなど適度にざわざわした空間が、音が背景となり気になりにくいもの。もしくは、歌の入っていない「いつもの１曲」をリピートして聞くと、リピートする中で背景音となり効果的です。

❶ 時間 ―→ 早朝がおすすめ！

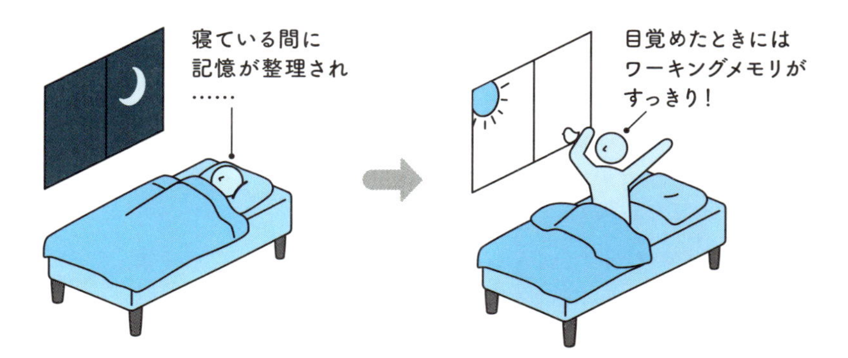

❷ 空間（視覚） ―→ 注意をひくものを遠ざける！

❸ 空間（聴覚） ―→ 静寂よりも適度な雑音を！

第2章 アテンションミス

ゾーンのポイント③

やることを分解・具体化する

なかなか取り組み始められない、集中できない仕事は、だいたいが以下のようなものです。

・何から手をつけていいかよくわからないくらい壮大な仕事
・とにかく手間がかかる面倒な仕事
・締め切りが曖昧な仕事

これらに共通するのは「いま何をするか」が明確になっていないこと。いくらやる気があっても、やることが明確でないと行動できません。

まずは**仕事を細かく分解して、具体的にしていく**ことです。

たとえば、本のタイトルを決めないといけないとします。期限はまだ先ですが、早いにこしたことはありません。タイトルの考え方や決め方については自由にやっていいと言われています。

さて、このような仕事でゾーンに入ることができるでしょうか？

タイトルを決めるということは、さまざまな案を出して、その中から絞り込むということです。この時点で仕事が2つに分解されました。

また、案出しでは方向性を3つ考え、それぞれの方向性で10案ずつアイデアを出すなど、プロセスを分けることができるはずです。

また、それぞれにかける時間を割り振っておけば、少なくとも「今日、会社を出るまでに自分がすべきこと」は明確になるでしょう。

マラソンにたとえれば、42.195キロを完走することが最終ゴールであったとしても、まずは目の前の5キロ先の電信柱に意識を向けることです。

仕事の速い人は、すぐに仕事を具体的かつ明確にします。これによって、自分がいま何をすべきなのかがわかるため、迷いなく仕事に取り掛かることができ、ゾーンに入りやすくなります。そして結果的に人より速く仕事を終わらせているのです。

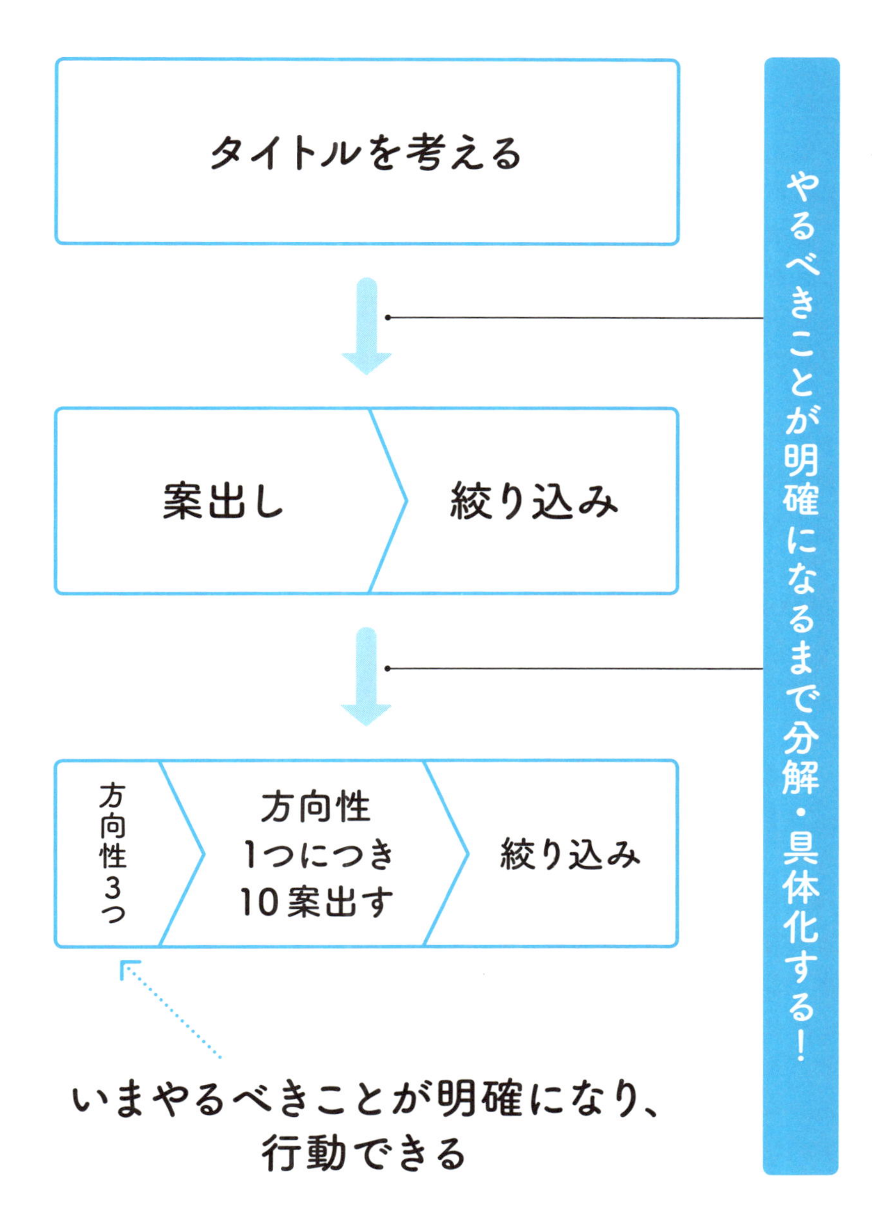
いまやるべきことを明確にする！
タイトルを考える
案出し
絞り込み
方向性3つ
方向性
1つにつき
10案出す
絞り込み
やるべきことが明確になるまで分解・具体化する！
いまやるべきことが明確になり、
行動できる

NUMBER 15

ゾーンのポイント④
仕事は難しすぎず・易しすぎず

　あまりに簡単なゲームは刺激が少なすぎてハマる人はいません。逆に極端に難しすぎてもやる気が失せます。これは仕事でも同じ。

　仕事の適度な難易度が面白さを左右し、ひいてはゾーンに入れるかどうかを左右します。

「仕事は上司から与えられるものだから難易度は変えられない」と思い込んでいる人が大勢いますが、それは違います。

　たとえば、データ入力の仕事を与えられ、「こんなの簡単でつまらない」と思ったとしましょう。そのままのテンションで作業をはじめてもゾーンに入れないことが目に見えています。

　そのようなときは、自らに負荷をかけましょう。たとえば「普段なら30分かかるけど、今回は15分で終わらせてやる」といったように、あえて難易度を上げるのです。

　コツは達成できるかどうかギリギリのラインに設定することです。

　逆に極端に難しい仕事を与えられたら、少しハードルを下げてみましょう。たとえば、上司から分厚い専門書を渡されて「明日までに勉強しろ」と言われたとします。パラパラとめくってみても知らない用語だらけで、すべてを理解することはまず不可能です。そこで「無理です」と上司に本を突き返すことも選択肢の１つでしょうが、せっかくなら成果を出したいところです。

　そんなときは、とりあえず目次と各見出しだけは見ることで、細かいところは読まずに大枠だけとらえたり、自分にとって少しでもなじみがある、興味の持てるところから読みはじめます。それだけで難易度は現実的なレベルに落ち着きます。

　このように、与えられた仕事であっても難易度の調整はできます。自分で調整しながら、ゾーンに入って仕事を効率的に行いましょう。

適度な難易度がゾーンに入るコツ！

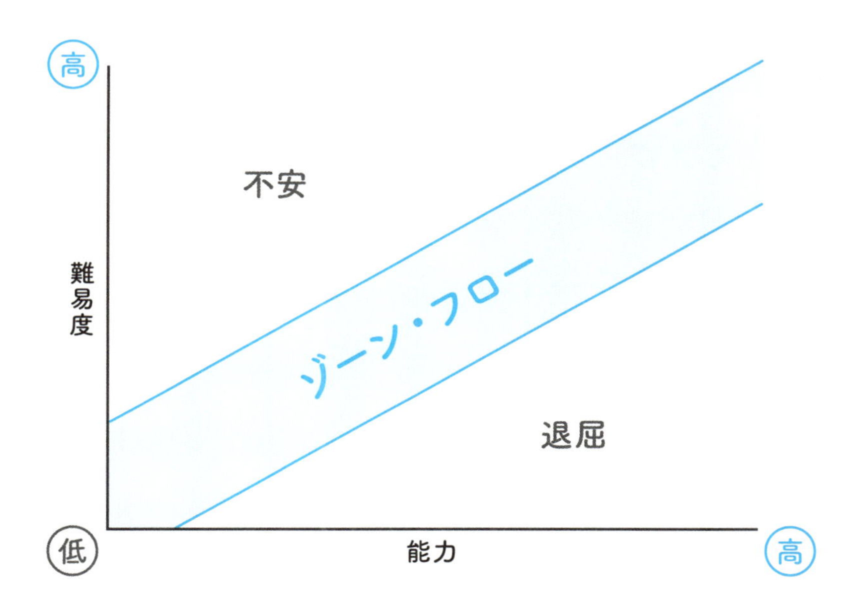

簡単な仕事は難しく

データ入力

▶ いつもなら30分かかるところを
15分でやってみる

難しい仕事は簡単に

専門書の読み込み

▶
・目次と見出しだけ読む
・興味のあるところから読む

Z
Z
z

第3章

コミュニケーションミス

Communication Errors

× 理解したつもりが勘違い

× 説明したつもりが説明不足

× 言葉の定義がズレていた

× 相手が気分を害してしまった

× こちらの思いが伝わらない

× 会話の歯車がかみ合わない

× ついつい自己顕示欲が出てしまう

→ 本章を読めば、これらの原因と対策がわかります

NUMBER 1

コミュニケーションは キャッチボールではない

「コミュニケーションはキャッチボールである」とよく言われます。このたとえはわかりやすいのですが、コミュニケーションへの誤解を生み、結果的にコミュニケーションミスを誘発する原因にもなります。

右の図を見てみてください。これはコミュニケーションにおいて何が起きているかを表した、「メタ・コミュニケーションモデル」と私が名付けたものです。図の左側の話し手が、自分の記憶にある経験を他人に話すとき、記憶のすべてを言葉にするわけではなく、必ず情報を「省略」します。

たとえば話し手が「昨日、渋谷で友達とお酒を飲んだ」と言ったとします。「昨日」といってもそれが何時頃かわかりません。また渋谷のどこなのか、そもそもお店なのか自宅なのかも省略されています。

では、なぜ聞き手は情報が省略されていても「聞く」ことができるのか？ それが図の右側です。話し手の言葉に、聞き手の持っている記憶が反応して、省略された部分を自動的に補完しているのです。

「昨日、渋谷で友人とお酒を飲んだ」と聞くと、自分の記憶にある渋谷のイメージや、以前に行ったことがあるバーのイメージが湧いて、実際には断片的な情報しか伝わっていないのに、「へえ、そうなんだ」と妙に理解した気になるでしょう。ただ、話し手の中にある風景と、聞き手やあなたが想像した風景は、もちろん異なります。**蓄積してきた「記憶」が違うわけですから、結果が違って当然です。**

では、こうした話し手と聞き手の「イメージのギャップ」を、普段のコミュニケーションで自覚していますか？ おそらくほとんどの人はしていないと思います。**表面上でやり取りしている言葉（ボール）に気を取られ、自分や相手の記憶の中で起きていることに注意が向いていません。これこそがコミュニケーションミスの最大の原因なのです。**

メタ・コミュニケーションモデル

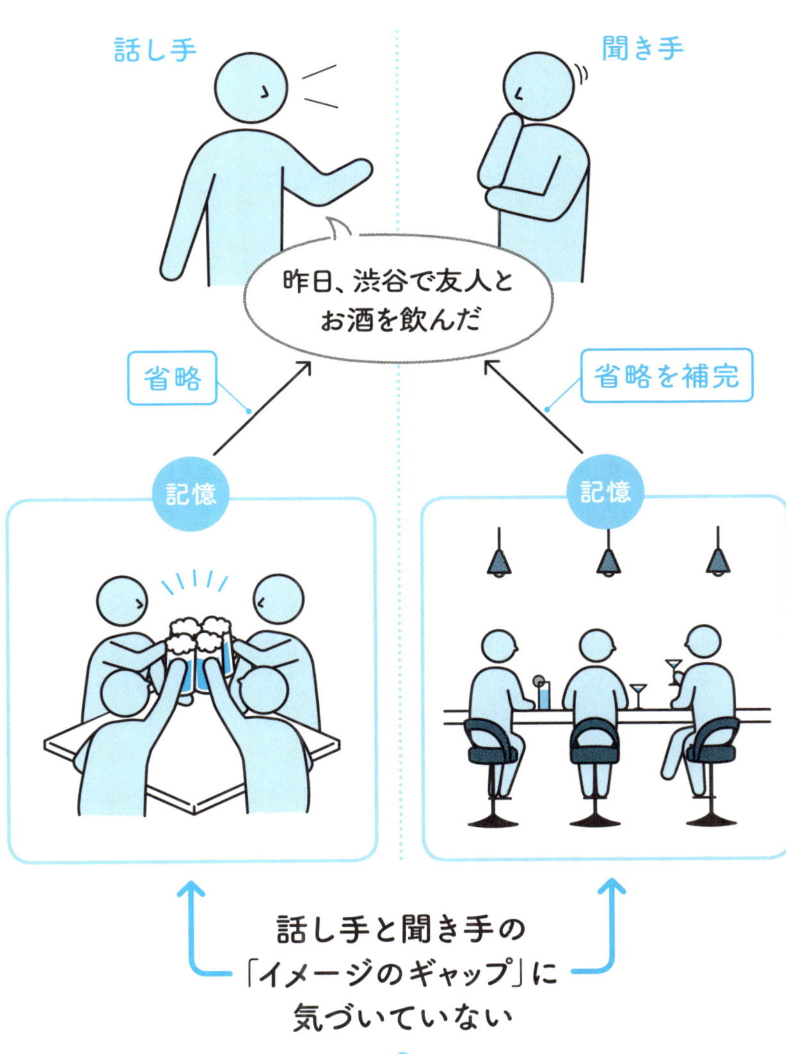

コミュニケーションミスの最大の原因！

NUMBER
2 記憶は常に勝手に思い出される

普段のコミュニケーションでは、聞き手は「自分の記憶」を頼りに相手の言葉の省略されている部分などを補完し、解釈を加えて理解し（たつもりになり）ます。

これは、人の話を聞く場合だけに限らず、あなたがこの文章を読んでいるこの瞬間にも起きています。自分の記憶を総動員しつつ、文章には書かれていないことまで脳内で補完しながら読み進んでいるはずです。

しかし、今こうやって本を読んでいる瞬間、あなたは記憶を思い出して活用しながら理解していることを自覚していましたか？

おそらく多くの人は、実際に本を読んでいるときに「今、記憶を思い出して使っている」といった実感はないはずです。

このように、**勝手に思い出され、しかも思い出していること自体が意識にのぼらない記憶のことを、認知科学では「潜在記憶」と呼びます。**記憶が勝手に思いだされ、そのことを自覚できないために、われわれはコミュニケーションしているときに、それぞれの記憶が影響を及ぼしていることになかなか意識が向きません。

同じ話を聞いていても、聞いている人それぞれの記憶が違いますから、それぞれの人の体験、理解は違っています。でも、ついつい、同じ体験、理解をしていると思いこんでしまいがちなのです。

もちろん、共通の記憶を持っていればいるほど、その理解のズレはわずかです。「あうんの呼吸」などは、まさに共通の体験を重ねていくなかで多くの共通の記憶を持っているからこそなせる技でしょう。

ただ、現代は多様化の時代。共通の記憶がどんどん少なくなっています。**潜在記憶の働きが、お互いの「理解」を助けるより、むしろ「誤解」を生み出し、コミュニケーションミスを引き起こしているのです。**

記憶はものごとの理解に大きく影響している！

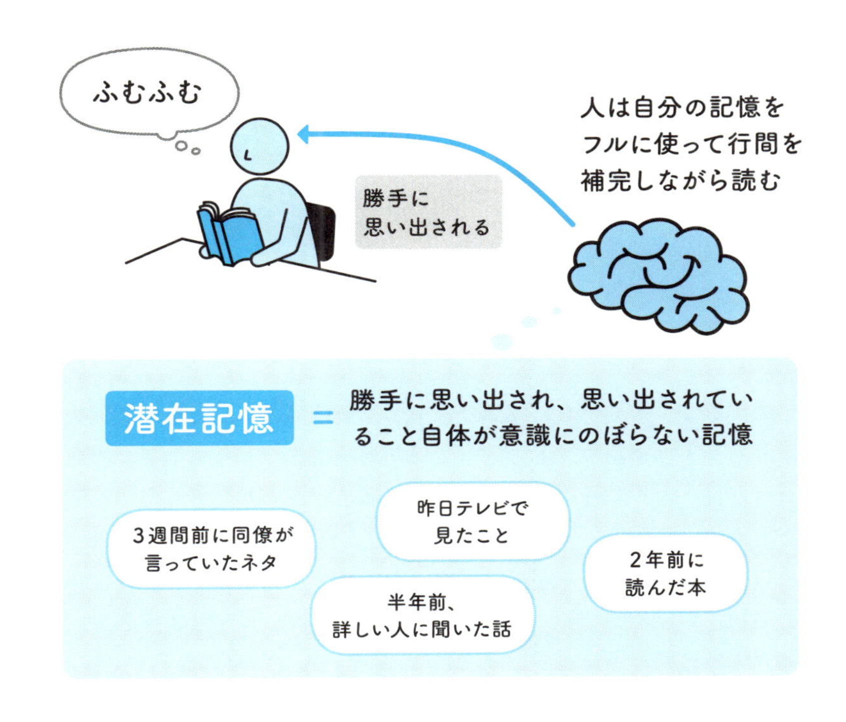

記憶が異なるから、同じ言葉でも理解が異なる！

NUMBER 3

人は知らないうちに自分の記憶に動かされている

潜在記憶の存在は、次のような実験で明らかになっています。

①単語が並んだリストを読んでもらう
②それらとは別の単語を１つずつ示して、それが意味のある単語なのか、無意味な文字列なのかをできるだけ速く答えてもらう

この実験で、①で示した単語リストとは無関係の単語で②の実験を行うよりも、①の単語リストに入っていた単語にまつわるもので②の実験を行ったほうが、判断のスピードが上がることがわかりました。

たとえば、①のリストで「リンゴ」と読んだあとに、②で「あかいろ」といった単語を示されると反応が速くなります。しかし、答えた被験者としては、「リンゴ」という記憶が「あかいろ」という単語への反応を強めた実感はありません。「リンゴ」を記憶した意識すらないでしょう。

潜在記憶がもたらすこうした脳の反応を「プライミング効果」と呼びます。潜在記憶の働きはなかなか意識できないのですが、確実に脳の情報処理過程に大きな影響を及ぼしています。

たとえば「グルメ番組を見た後は食事に関する情報がやたらと目につく」「以前、激しく怒られた先輩を見かけた直後、周りの人の大声にビクッと反応する」などは、プライミング効果の一種です。

プライミング効果の正体は「結びついている記憶の活性化」です。**記憶は関連する情報同士がネットワークのようにつながってできています。**グルメ番組を見た後は脳内ではグルメにまつわる記憶が叩き起こされ、いつでも動ける状態になるので、周辺情報に対する感度が高まるのです。上の実験のように、何かの判断スピードが速いと「頭の回転が速い」と思いがちですが、実は、関連する記憶の量の多さ、その活性化の強さだったりするのです。

プライミング効果の仕組み

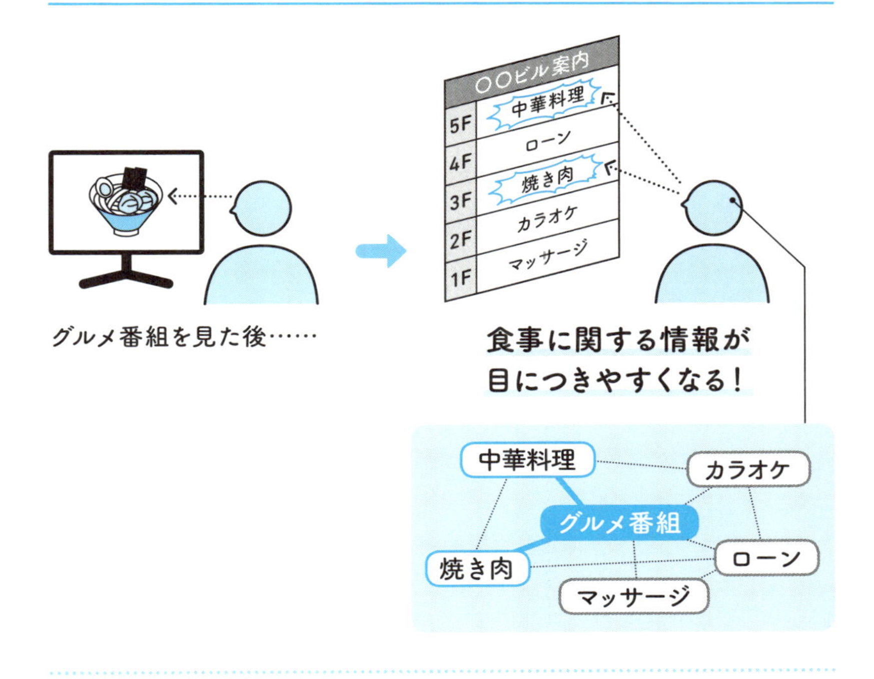

記憶とは……

整理された本棚ではなく、つながったネットワークの中にある！

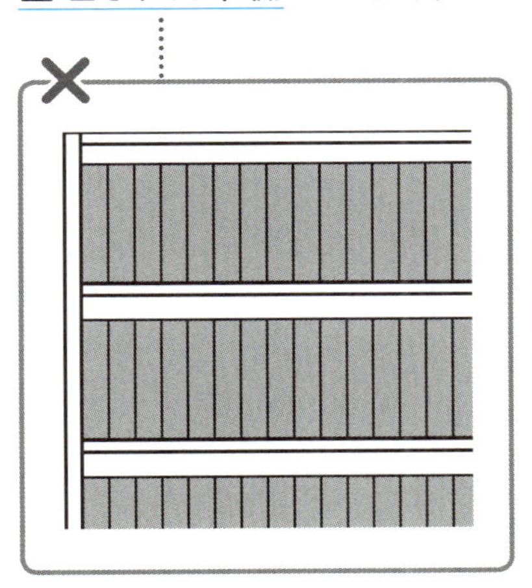

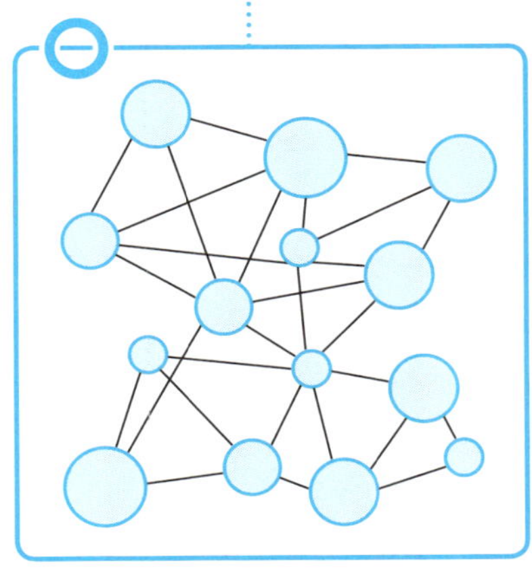

NUMBER 4

思い出す記憶を変えるだけで人間関係が楽になる

潜在記憶の働きは、人に対する好き嫌いも引き起こしています。「あの課長は苦手だ」というとき、その原因をその課長のせいのようにとらえがちです。もちろん、トリガーとなっているのは課長かもしれませんが、実際に「苦手だ」という反応を引き起こしているのは、勝手に思い出されているあなたの記憶です。

たとえば、小さいころから甘やかされて育った人からすれば、口うるさい上司は「敵だ」と思うかもしれません。それは、自分の過去の記憶から生まれた反応です。

しかし、その後、その上司の指導のおかげで最年少の管理職になったとしましょう。するととたんに上司は「味方だ」と思うようになったりします。新たに生まれた記憶との反応の結果です。

このように、**あなたがどんな記憶を持っているか、そのどの記憶と結びつくかで、あなたに起こる反応は変わります。**これを逆手に取れば、あなたが意識的に結びつく記憶を変えることで、あなたに起こる反応を変えることが可能になります。

たとえば、あなたが「苦手」な課長との関係を楽にしたいとき。あえて、その課長の素晴らしい点を考えて、過去の体験、記憶を思い出してみるのです。普段は当たり前に思っているちょっとしたことかもしれませんが、1つでもポジティブな反応を起こす記憶を思い出せればしめたものです。その課長を見て、思い浮かべたときに結びつく記憶が変わることで、課長に対する感情が少しずつ変わり、表情や言葉づかいも変わってきます。人間関係は相互作用なので、課長の反応も少しずつ変わる可能性が出てきます。

このように**意識的に結びつく記憶を変えていく、いわば「記憶のマネジメント」で、あなたは人間関係を楽にすることができる**のです。

「好き嫌い」も記憶から生まれる！

過去の記憶

・家でのしつけ
・お世話になった人
・嫌なことをされた相手
・好きな映画の登場人物
・課長のしぐさ、言動
⋮

課長を「苦手」にしているのは
実は自分の記憶

自分の反応は思い出す「記憶」で変えられる！

・課長に怒られた
・課長の判断ミスで残業させられた
・課長に飲みに連れまわされた
⋮
あぁ、イヤだイヤだ

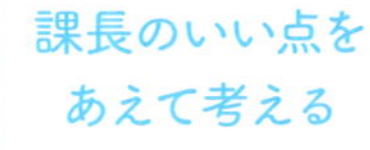

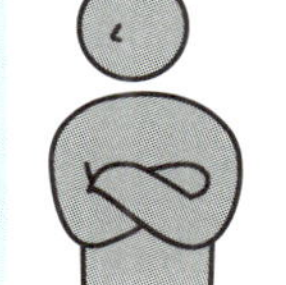

・あの書類を出したときにほめられた
・会議でかばってくれた
・この前、コーヒーを差し入れしてくれた
⋮
意外といい人かも

結びつく記憶を変えると、
相手への感情も変わる！

NUMBER 5

「意識の矢印」がコミュニケーションミスをなくす

コミュニケーションミスは、相手と自分の記憶の違いを忘れ、「相手の話をわかったつもりになった」ときに頻発します。

それを防ぐ１つの方法は、**「意識の矢印」、つまりあなたの注意を相手に向けること**です。相手の話を聞いているときに、自分の「意識の矢印」が相手の記憶に向いているのか、または自分の記憶に向いているのかを自覚し、コントロールすることが重要なのです。

わかりやすいように、76ページで紹介したメタ・コミュニケーションモデルの図を使って説明しましょう。聞き手の「意識の矢印」が、自分の記憶に向いている状態とは、「渋谷で友人と飲んだ」話を聞いて、聞き手が脳内で勝手に思い出された記憶、ここでは、カウンターバーの映像を思い浮かべている状態のことです。意識は自分にしか向いていないのに、相手の話をわかったつもりになっています。

こういうときにコミュニケーションミスはよく起きます。

逆に、「意識の矢印」を相手の記憶に向けるということは、相手が発した言葉の奥にあるその人の記憶に意識を向けるということ。右ページの図にある、相手の記憶に向かう太い矢印が「意識の矢印」です。

相手の記憶に「意識の矢印」を向けることができれば、当然ながら知らないわけですから不明点が出てきます。不明点が出るということは自然と質問も出るということ。

そうやって**相手の記憶を深く聞いていくと、ズレはどんどん小さくなり、コミュニケーションミスが起きる危険性は少なくなっていきます。**

もちろんその間も、あなたの記憶は常に刺激され、どんどん勝手に思いだされていきます。これを止めることはできませんし、もし止まってしまったら相手の話を理解できません。

大事なのは、勝手に思い出されている潜在記憶の働きを自覚しつつ、その反応に巻き込まれないで「意識の矢印」を相手に向け続けることです。

「意識の矢印」を相手の記憶に向ける！

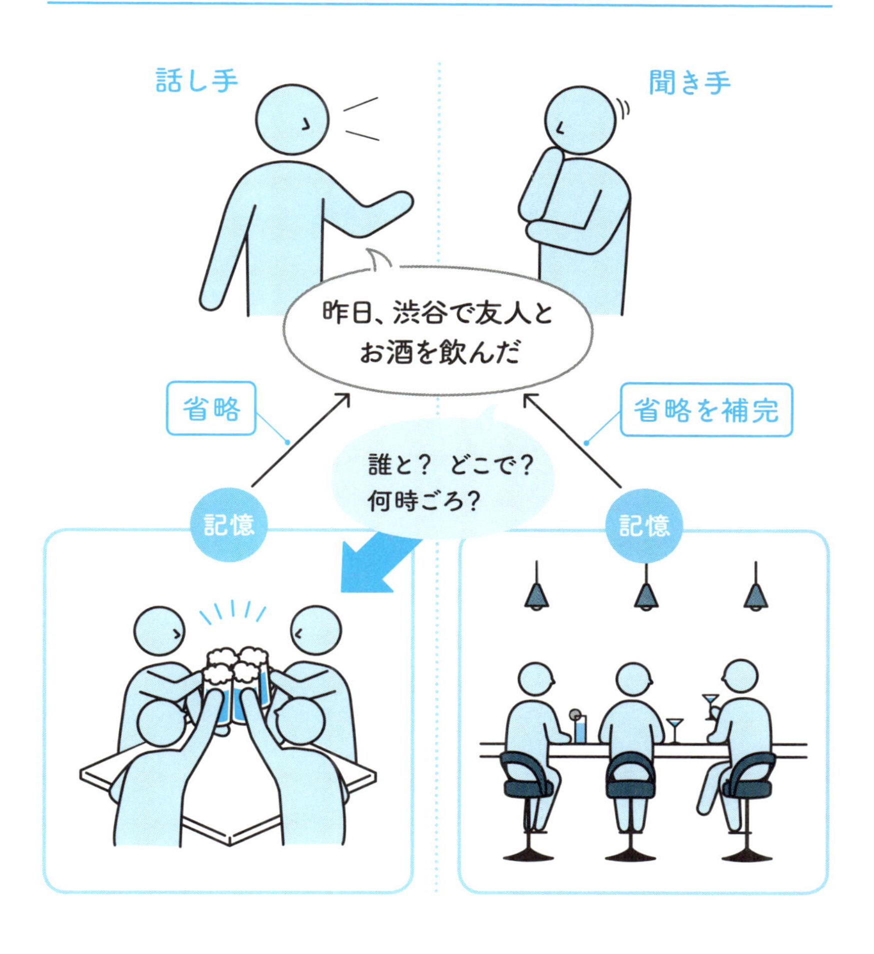

不明点を「質問」によって埋めると、
ズレを小さくできる！

「わかったつもり」になるのを防ぐ！

「質問は短ければ短いほどいい」科学的理由

相手の記憶に深く切り込むには、「質問の仕方」にも工夫が必要です。

たとえば、悩みを抱えている人は、当然ながら悩みのすべてを言葉に出すわけではありませんから、表面的な言葉をただすくうだけでは相手のことは理解できません。どんな質問の仕方が効果的なのでしょう？

質問のプロと言えば、インタビュアーやカウンセラーなどが思い浮かぶでしょう。彼らに共通するのは、**優秀な人ほどシンプルな質問を心がけている**こと。たとえば右ページの図のような感じです。

短くてシンプルな質問ばかりですが、質問される側は、それに答えているうちに思考の整理がつきます。

逆に、複雑な質問とは、たとえば「最近の新人って、はっきりものを言わない人が多いと思うのですが、このあたりどうお考えですか？」といった前置きが長い質問。その前置きの正体は「自分の記憶」です。意識の矢印が完全に自分に向いていて、質問をする前から相手の答えをわかったつもりになっている状態です。こういう質問をいくらしても、相手の記憶の深いところには到達できません。

質問という行為は他人への働きかけですから、なんとなく意識の矢印も相手に向いていると勘違いしやすいですが、実は自分に向いている場合もよくあるのです。

そして、こうした前置きの長い質問をする人の主だった動機は、実は「予想外の回答を避けたいため」でもあります。

もし答えが「はい」か「いいえ」しかないなら、会話の流れは予測できますが、回答の自由度が高いシンプルな質問では、相手からどんな回答が出てくるかわかりません。人はついつい自分が制御できない事態を避けようとしてしまいます。こうした一種の防衛本能も、コミュニケーションミスの一因でもあるのです。

○ 相手に「意識の矢印」が向いたシンプルな質問

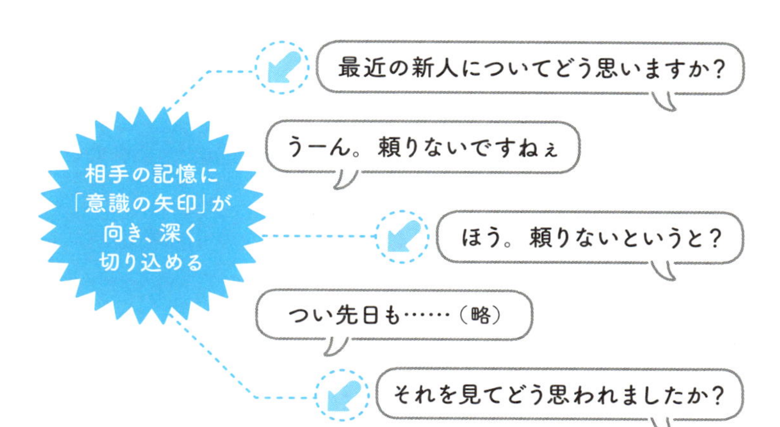

社長

自分本位だと思いました。
でも自分も若いころはそうだったかも……

記者

✕ 自分に「意識の矢印」が向いた複雑な質問

実は自分の記憶に「意識の矢印」が向き、相手に届かない

最近の新人って、
はっきりものを言わない人が
多いと思うのですが、
このあたりどう思われますか？

社長

えっ、うーん……
（そんなことはないけどなぁ……）

記者

第3章 コミュニケーションミス

NUMBER 7

仕事を覚えたころこそミスに注意！

意識の矢印は、知識や経験が増えれば増えるほど自分に向きやすくなります。

というのも、相手の言葉を聞くことによって活性化される記憶が、知識や経験がある人ほど多くなるからです。逆にストックの少ない新人は、キーワードが自分の記憶に結びつきにくいので、省略された部分を補完することができません。

たとえばあなたが後輩から仕事の相談を受けたとします。あなたの頭の中には、その相談に関連する知識や経験が豊富にあります。すると、関連する記憶が次々と活性化され、「ああ、あのことね」「後輩の悩み所はここだろう」といったように「わかったつもり」になってしまいます。とくに多くの管理職は、部下から相談を受けたら的確なアドバイスをすぐに出さなければ……と思いがちですから、自分の記憶にすぐ意識の矢印が向き、相手に向かっていきません。意識の矢印が一切外を向かない、これが厄介なのです。だから、結論を急いではいけません。

相手の発する言葉を聞いて、活性化する自分の記憶に気づきつつも、そこに巻き込まれることなく、相手がなぜそう言っているのか、そして言葉の奥に潜む真意は何なのか、確実に、そして丁寧に意識を向けていくことが、コミュニケーションミスを減らすためには欠かせません。

こうした思い込みによるコミュニケーションミスは、とくに中途半端に経験を積んだ人が起こしやすい傾向があります。知識や経験が豊富にあれば、正しいことも多くなりますし、「わかったつもり」で痛い失敗をした経験も増えてきます。なので、少し知識・経験が増えてきたころが危ないのです。運転に慣れ始めたドライバーが事故を起こしやすいのと同じで、ちょっと経験を積んで「よしできるぞ！」という段階で、ミスが起こりやすいのです。

知識や経験が邪魔になることもある！

「意識の矢印」が自分の記憶に向いてしまい、
コミュニケーションミスの原因に！

本当に優れたビジネスパーソンは
「思い込み」の怖さを知っている

NUMBER 8

デキる人は相手に「意識の矢印」を向けている

いわゆるデキる人は「意識の矢印」を相手の記憶に向けることを知らず知らずのうちにやっています。

たとえば、経営の神様と呼ばれた松下幸之助氏は、積極的に現場を訪れて、相手が若い社員であってもたくさんの質問をしたといいます。部下にとっては雲の上の存在である社長から質問されて、悪い気がする人はいないでしょう。社長としても現場の声を吸い上げることができ、社員たちの承認欲求も満たされるウィンウィンの関係であったわけです。

また、優秀なセールスはもれなく意識の矢印を顧客に向けています。

普通、顧客の悩みや全社的な課題、購入をためらっている原因などは、なかなか商談の場で言葉としては出てきません。そういうときに顧客の記憶に意識を向けて、さりげない問いかけを通じて情報を引き出し、顧客が気になっている点を明確にしてから、その点について説明する。そのときも相手の反応を見ながら説明するので、より納得度の高い話ができます。だから売れるのです。

もちろん毎回顧客の発する言葉に質問していたらただの「面倒なヤツ」ですから、過去の経験から「いまこういうリアクションをしたから、おそらくこうなんだろう」といった知識や経験も活用します。

この場合は、それが当たっている場合もあれば外れる場合もあるということを意識できるかどうかが重要です。**仮に勘に頼って会話を進めたとしても、本当にそれが当たっているのかを相手に意識の矢印を向けながらチェックし、軌道修正をしているのです。**

一方、売れないセールスは「断られたらどうしよう」といった不安や、商品説明のことで頭がいっぱいで、意識の矢印を顧客に向けるどころではありません。顧客の言葉に反応する自分の潜在記憶に巻き込まれ、一方的なセールストークを展開してしまうのです。

「意識の矢印」を相手に向けつつ、軌道修正する！

自分の話が当たっている場合もあれば、
外れている場合もある。

相手に「意識の矢印」を向け、
相手の反応をとらえ続ける！

NUMBER 9

「意識の矢印」を相手に向ける究極のコツとは？

「意識の矢印」をコントロールするには慣れが必要です。「意識の矢印」を意識するあまり、自分に「意識の矢印」が向いていた、なんてことも起こります。

最初は思い通りにいかないかもしれませんが、辛抱強く続けましょう。これは役立つビジネススキルというだけでなく、今後の人生でずっと使えライフスキルです。気長に挑戦してください。

ただ、結果はすぐに表れます。相手の言葉に対するあなたのリアクションの仕方がガラッと変わるはずです。相手の立場に立った発言ができるようになったり、いままですぐに感情的な反応ばかりしていた人であれば、「丸くなったね」と言われるかもしれません。そして、コミュニケーションミスは確実に減っていきます。

ここで簡単に「意識の矢印」を相手に向けるコツをお伝えしましょう。

それは**「自分は相手のことを知らない」と思うこと**です。これは「無知の姿勢（Not Knowing）」と呼ばれるものです。

たとえば、上司のことを知らないと思えば、自然と相手に意識の矢印が向き、好奇心が湧いてきます。

「なんで上司はいつもイライラしているんだろう？」
「どんな環境で育ったんだろう？」
「上司は自分のことをどのように見ているんだろう？」

実際、いくら身近な人であっても、所詮は他人ですから知らないことだらけです。ですからこうやって無知の姿勢になれば、**「あの人のことをわかったつもりでいたけど、実は全然知らない」という事実**に気づくことができます。

「無知の姿勢」を身につけよう！

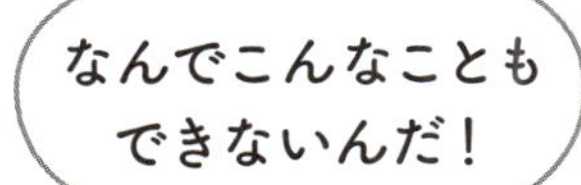

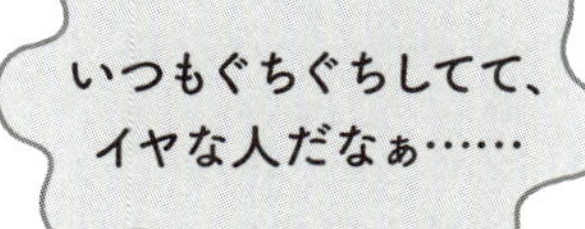

無知の姿勢

自分は相手のことを知らない

なんでこんなことも
できないんだ！

・なんでいつもイライラ
してるんだろう？
・どんな環境で育ったんだろう？
・自分のことをどう見てるんだろう？

コミュニケーションミスを絶対なくす方法

仕事でのコミュニケーションミスといって真っ先に思い浮かぶのは、情報の伝達ミスではないでしょうか。つまり、「相手に伝えたと思ったのに実は相手に正しく伝わっていなかった」というケースです。

簡単な仕事の指示やアポの日取りといった情報なら、情報をできるだけ省略せず、かつ相手が間違えそうな箇所を強調するなどして説明すれば、おおかた伝わります。

しかし複雑な仕事の手順など、相手がすでに持っている記憶を前提に、相手の理解力が問われる情報はいくら丁寧に説明しても完全に伝わるかどうかわかりません。

そこで**効果的なのが、相手に復唱してもらうこと**です。

ベストセラー『ビリギャル』の著者で、学習塾の先生である坪田信貴氏は、その著書のなかで生徒に教えたことを復唱させることの重要性を説いています。

曖昧な理解・記憶だと説明もアヤフヤになります。復唱によって自分がどこまでを理解・記憶して、どこから理解・記憶していないのか、はっきり認識することができます。また、復唱したことによって記憶を定着させやすくする効果もあります。

仕事の現場でも後輩などに何かを指導して、それが伝わったかどうか確認したいのであれば、復唱してもらうことが最も確実です。

また、復唱は自分自身で行うこともできます。たとえば研修やセミナーで何かを学んだり、本を読んだりしたとき、**本当に自分がそれを理解したかどうかをチェックするには、それをアウトプットしてみましょう。**

誰かに口頭で説明してみてもいいですし、文字に書き出しても構いません。ＳＮＳで簡単な文章にまとめてみてもいいでしょう。

「復唱」で理解度をチェック！

相手の理解度を「復唱」で確認する

聞いた話を誰かに話して、自分の理解度を確認する！

本の内容をSNSに投稿して、理解・記憶する

NUMBER 11

聞くべきは言葉の「答え」よりも言葉にならない「応え」

「なかなか相手が積極的に話してくれない」
「質問をしているのに答えてくれない」

意識の矢印を相手に向けようとして質問をしても、このような相手の反応に直面することもあります。このとき、カギになるのが「答え」と「応え」です。

「答え」とは言葉として発せられた明確なものであるのに対し、「応え」は表情や仕草、間合いなど、言葉にならないものも含めたなんとも曖昧なもの。英語で言えば「答え」は「answer（アンサー）」、応えは「response（レスポンス）」です。

事実関係のズレを正したいなら「答え」に注目していればいいですが、深いコミュニケーションをするには「応え」に注目する必要があります。

この「応え」をとらえるには、お互いの話が終わった後に相手に意識の矢印を向けても間に合いません。話している最中も含め、常に向けている必要があります。

たとえば、上司が部下に仕事を依頼したとしましょう。

上司「最近会社のSNSが更新されていないから、何か投稿しておいて」
部下「えっ……はい。わかりました」

このとき部下の「答え」はイエスですが、「応え」はノーかもしれません。もし「答え」だけに注目していれば、「わかりました」だけにしか注意が向きません。しかし、もし相手の「応え」に注意を向けていたら、「えっ……はい」の奥に切り込んでいくことが可能になります。

この例では、文章で「応え」を表現しているで簡単に読み取れますが、**実際には相手の目線や口調、仕草、表情などを細かく観察する必要があります。** そして、「応え」は言葉になっている「答え」以上に多くを語っている場合が多いのです。

言葉の奥にある相手の反応に注意する！

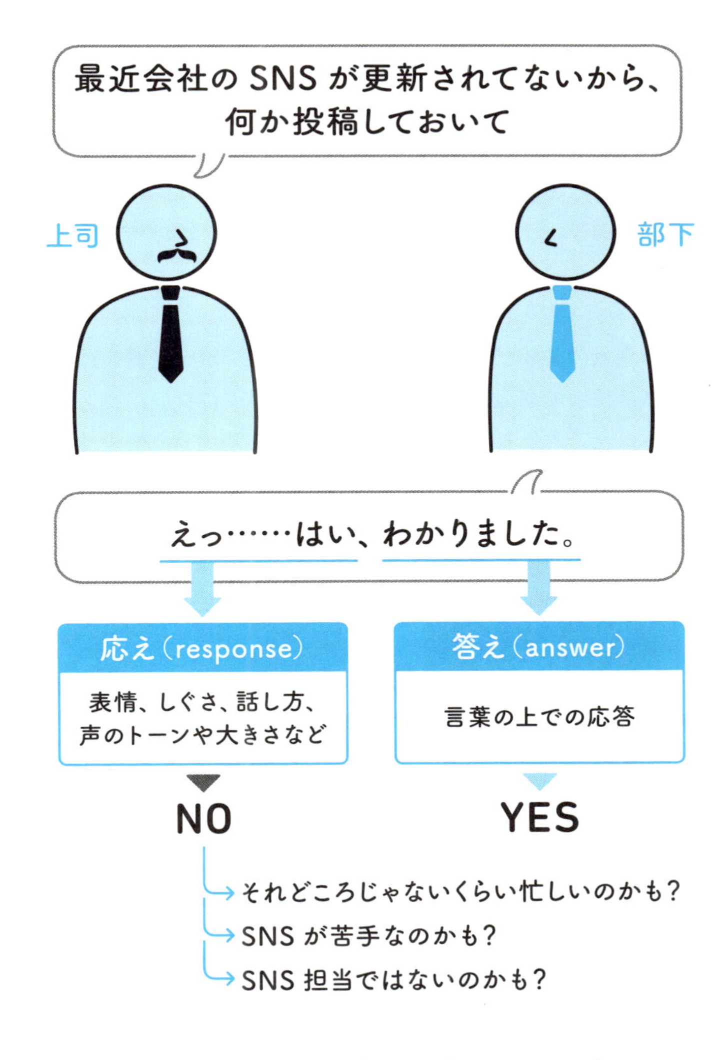

「応え」に注意を向ければ、
深いコミュニケーションができる！

NUMBER 12

相手がいるから一人になれる

→「意識の矢印」がもたらす発見

自分の意識の矢印をコントロールするだけでなく、相手の意識の矢印の向きも変えることもできます。意識の矢印を相手に向けることで、相手の意識の矢印が、ずっと相手自身の記憶に向かい続けるようにすることができるのです。

あなたの意識の矢印が相手の記憶に向き続け、短い質問を投げかけ続けられれば、相手の意識の矢印も同じように相手自身の記憶に向き続けます。さらに、できるだけその状態を維持することで、相手は普段は意識することのないような記憶の深いところに到達できます。

究極的に、相手はあなたのことを意識しなくなります。自らの記憶に深く入るからです。あなたの気配は消えて、背景と化すような感覚です。そして相手は意識の矢印がどんどん自分自身に向き、最後はまるで独り言状態のようになってきます。

その中で相手は思わぬ気づきや深い洞察、インスピレーションを得ることができるのです。

逆に、自分の気配を消せない人は「会話泥棒」になってしまいます。相手の発した言葉に自分の記憶が過剰に反応して、「なるほどね。実は僕もさ」と、自分の話をしないと気がすまない人たちです。あなたの職場にもいるのではないでしょうか。

カウンセリングの世界では「一人では一人になれない。相手がいるから一人になれる」という言葉があります。安心できる聞き手がいるからこそ話し手は自分の記憶と向き合い、そこに入り込んでいけるという意味です。**相手の本音を知りたいときや悩みの解決の手伝いをしたいときは、いかに相手の意識の矢印を向け続けて、自分の気配を消すかが大事なのです。**

「意識の矢印」を向けてもらえるからひとりになれる！

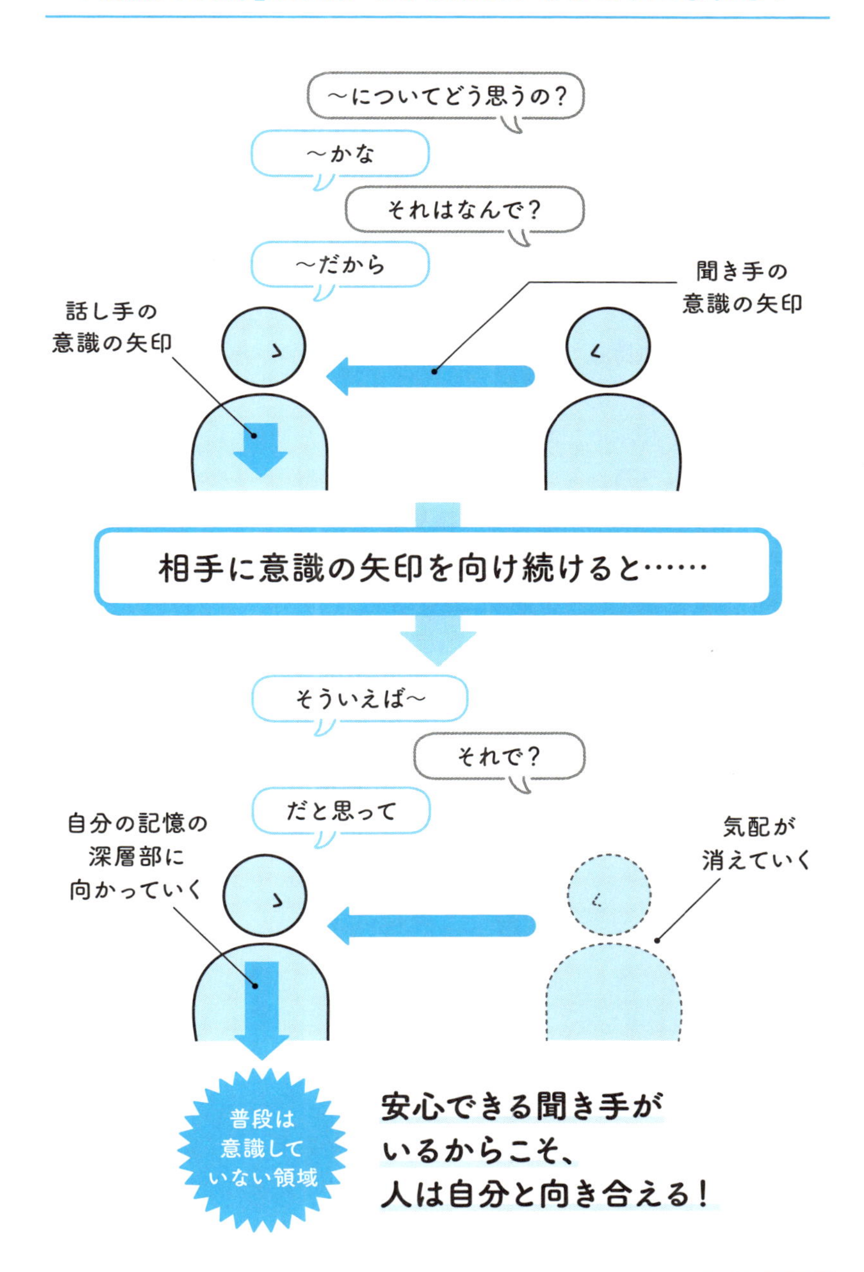

NUMBER 13

短い時間で核心に入る聞き方

→「事柄」から「人」へ

「答え」から「応え」へのシフトと並んで、深い聞き方を可能にする「事柄」から「人」へのシフトについて解説します。

簡単にいうと、**「事柄」とはマンガでいうところの「吹き出し」、セリフ部分です。「人」とは話している人そのもの、その人の内なる価値観や信念、思いや気持ち**です。

意識の矢印を相手の記憶に向けようとしても、ついつい相手が話している言葉だけに注意が向いて、具体的な事柄の話ばかりになりがちです。

ただ、それでは、あれこれ話は盛り上がったものの、「結局、何の話をしたんだっけ……」ということにもなりかねません。

世間話がいい例です。天気の話題に始まり、野球やサッカーなどのスポーツ話題に移るなど、当り障りのない会話のことです。たしかに話のとっかかりとしてはいいのですが、世間話に終始していても、話は一切深まりません。深いところで理解しあいたい、もしくは相手の信頼を得たいのであれば、どこかのタイミングで相手の心の扉を開いて、飛び込んでいく必要があります。そのためには「事柄」から「人」に焦点を向けることがポイントになります。

とくにビジネスでの会話は、意識しないとついつい「事柄」が中心になります。もちろん、「事柄」の話も大事ですが、「景気が～」「競合相手が～」「あの部署が～」と、ただの愚痴や言い訳のような話ばかりになることも少なくありません。これでは、いくら時間をかけても話が深まりません。

もし相手の本音に迫ったり、心の距離を縮めたりしたいのであれば、「事柄」から「人」に焦点を当てた会話に切り替えましょう。具体的には主語を変えること。**「事柄」が主語になっている会話から、「人」、つまり、相手が主語の会話に変えていくのです。**

「事柄」＋「人」に意識の矢印を向ける！

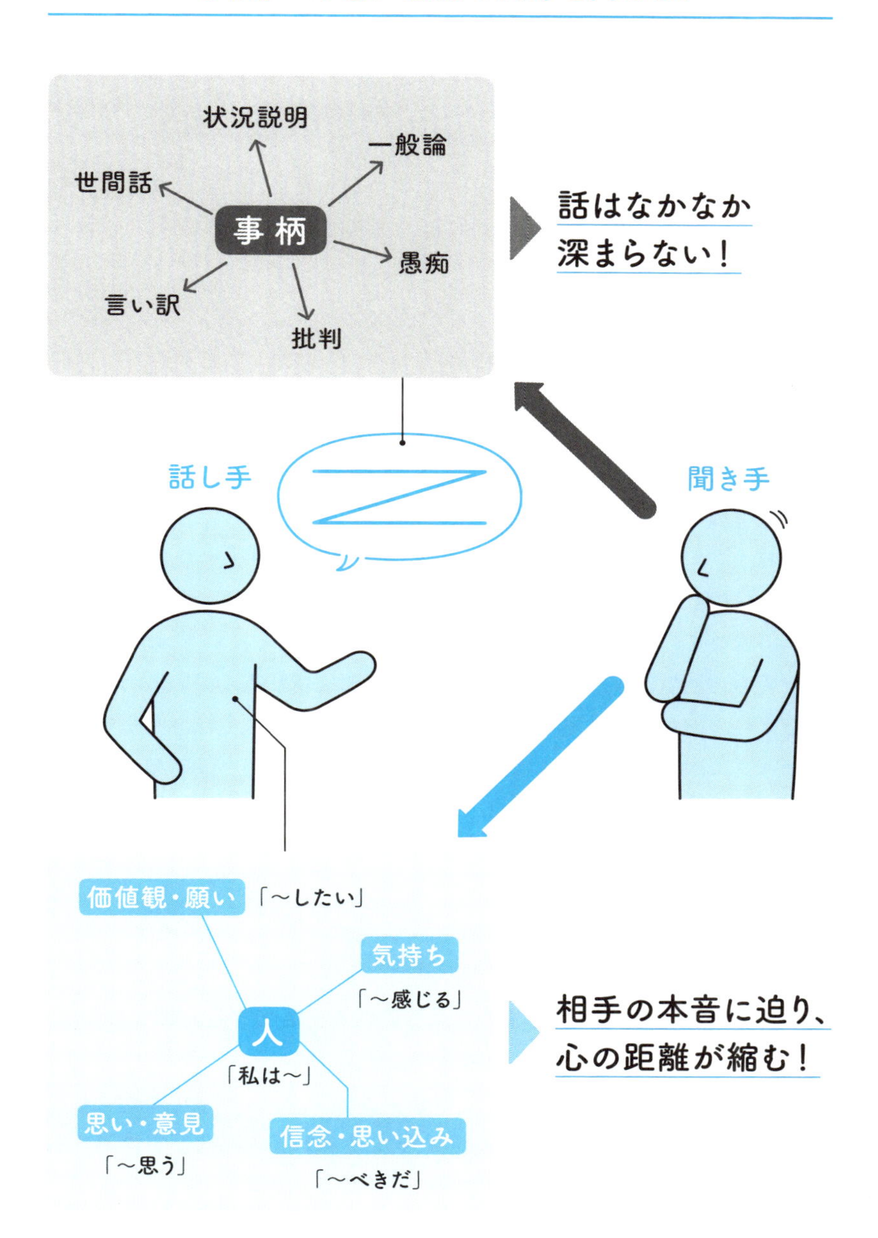

NUMBER 14

「で、あなたはどうしたい?」

→ ユークエスチョン

「人」に焦点を当てた会話、相手が主語になった会話に切り替えるのは簡単です。相手を主語にしたシンプルな質問をするだけです。

「課長は〇〇についてどう思いますか?」
「君はこの状況のなか、どうしたい?」

こうした質問のことを私は「ユークエスチョン」と名づけています。この質問をすることで、**相手が主語になり、「人」に焦点を当てた会話に切り替わっていく**のです。

なお、ユークエスチョンによって、「事柄」から「人」に焦点を当てたとき、相手がスムーズに回答できないこともあります。しかし、それでいいのです。

上辺の会話ではなく、相手の記憶の深層部に切り込んでいるわけですから、熟慮のための沈黙が生まれてもまったく不思議ではありません。

ユークエスチョンを使えば、その人の価値観、信念、固定観念、思い込み、トラウマ、タブー、弱点など、いわばその人が生まれてから経験してきた記憶の扉が開いていきます。

「仕事でそこまで深く入る必要はないのでは」と思う人もいるでしょう。

たしかに仕事とプライベートを割り切っても、それなりの成果は出せます。しかし、**人を動かす、または信頼関係を必要とする仕事であれば、やはり相手の懐に入るスキルが欠かせません。**

「クライアントと打ち解けることが苦手」「同期たちと深い間柄になれずに寂しい思いをしている」、そういった基本的な人間関係を構築するにも、やはり「事柄」中心の会話だけでは厳しいものがあります。

「雑談の時間は割いているつもりなのに」と困惑している人は、今後は会話の時間や頻度よりも、深さを考慮してみてはいかがでしょうか。

相手を主語にして質問する！

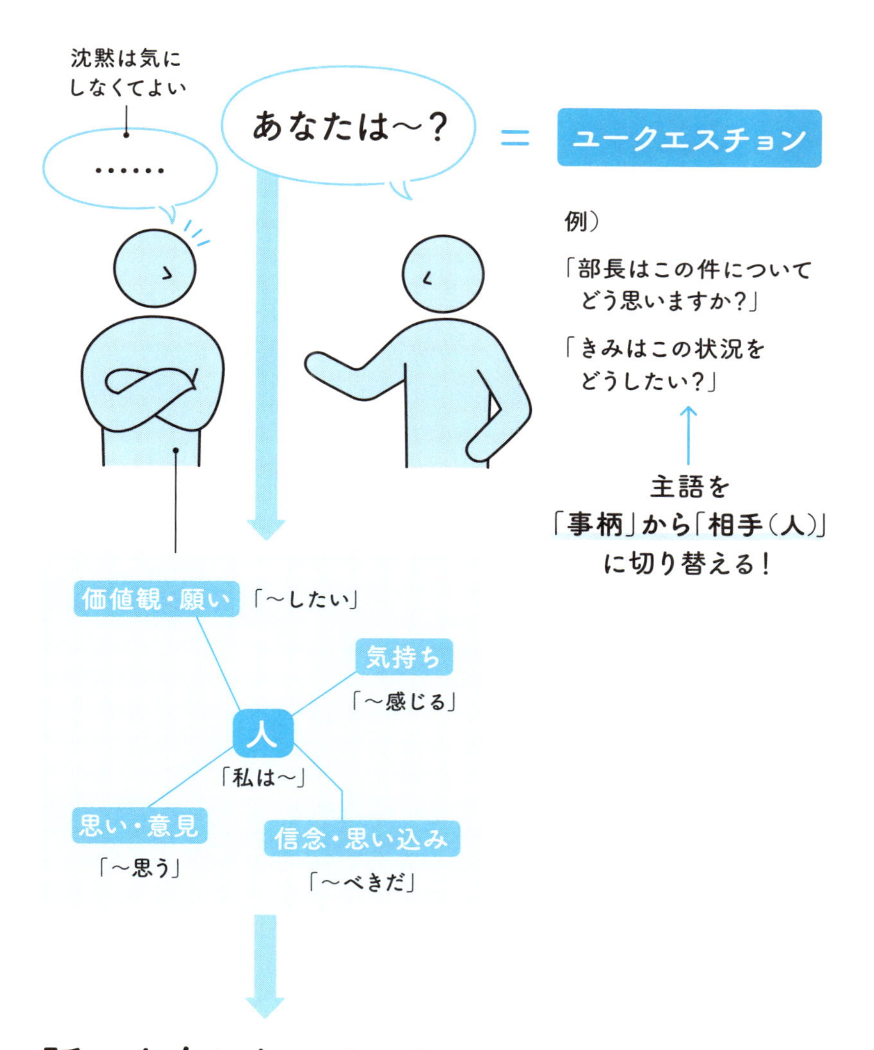

話の土台となっている、
相手の考え方や行動パターンがわかる！

NUMBER 15

人間は6つの階層でできている

「人」に焦点を当てるといっても、さまざまな側面があります。上級編として、あなたが「人」に焦点を当てるために役立つフレームワーク・「ニューロロジカルレベル」と呼ばれるモデルをご紹介しましょう。

このモデルでは「人」を６階層に分けています。これらのどこに意識を当てるかで、コミュニケーションの質・内容が大きく変わるのです。

６つの階層で最も外側にあるのが「環境」です。学歴で人を判断するなどは、まさしくこの階層で人を見ている証拠です。また、「環境」の１つ内側にある「行動」の階層も、第三者が見てもわかりやすいので、ついつい目が向きがちになります。しかし、その奥にはさらに「能力」「信念」「アイデンティティ」「スピリチュアル」といった階層があります。**「見えやすい表面の階層だけでコミュニケーションを図ろうとすると大きなミスを犯す」**という、コミュニケーションの本質を説いたのが、このモデルです。

とくに「能力」より深い階層は、相手をただ観察するだけではなく、相手のことをより深く知ろう、理解しようという意識がないと見えてきません。もちろん、「人」に焦点を当てた会話を重ねることも大事です。

たとえば、営業成績など見えやすい結果、それをもたらしている行動だけでなく、その行動の土台となっている強みや能力は何か？ 日々大切にしてこだわっている価値観は何か？ さらにはどんな役割だと自己認識しているのか？ そんな問いを持ちながら意識を向けてみましょう。

そして、**「〇〇さんはどう思っているのか？ どうしたいのか？ 何を大切にしているのか？ 何を目指しているのか？」と、ユークエスチョンを問いかけながら、聞いてみる。**これによって、相手との深いコミュニケーションが可能になっていきます。

ニューロロジカルレベル

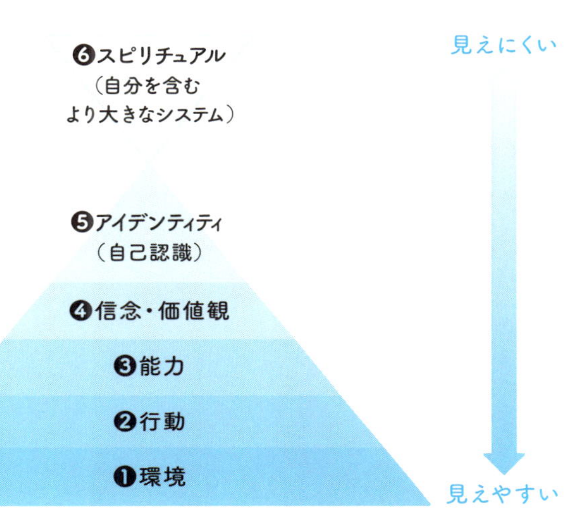

❶環境
その人の財産や肩書き、仕事の成果など、その人の行動の結果。基本的にオープンになっているもの。

❷行動
仕事のやり方や言葉使い、態度など、目に見える言動全般を指す。

❸能力
仕事の精度や速さ、身体的な能力などのこと。仕事におけるポテンシャルと言える。

❹信念・価値観
物事を判断するときの基準や人生において大事にしていること。その人が発揮する能力、実際に行う行動を大きく左右する。

❺アイデンティティ（自己認識）
その人が自分に対して抱くセルフイメージ。「父親である」「社長である」「日本人である」といった役割の意識。これが変われば、信念・価値観も大きく変わる。

❻スピリチュアル（自分を含む、より大きなシステム）
自分の上位にあるものとして認識している存在のこと（宇宙、地球、会社など）。自ら背負っているもの。アイデンティティは必ずこれと組み合わせになる。

第4章

ジャッジメントミス

Judgment Errors

× 自己判断によるミス
× 情報・経験不足によるミス
× 勘で動いたことによるミス
× 思い込みによるミス
× 惰性や習慣によるミス
× 雰囲気に流されたことによるミス

→本章を読めば、これらの原因と対策がわかります

NUMBER 1

脳には2種類の思考回路が存在する

仕事ではさまざまな局面で意思決定を迫られます。中には、真剣に考えたはずなのに、あとで振り返ってみると「なぜあんな判断をしたんだろう……」と思わざるを得ないミスもあるのではないでしょうか？

ただ、この「ジャッジメントミス」も、脳の仕組みそのものに原因があり、「しっかり判断しよう」と気合を入れただけでは防げません。まずは脳が判断を下すときの仕組みを理解しておきましょう。

私たちが何かを判断するときに使う思考回路は2種類あります。

ノーベル賞学者で認知科学・行動経済学の権威、ダニエル・カーネマン博士は、その著書『ファスト＆スロー』の中で、**人の思考には「速い思考」と「遅い思考」の2つがある**と説いています。

「速い思考」とは瞬間的に行われる思考で、意識的な努力は不要、もしくはほとんどいりません。簡単な計算を素早く行ったり、初めて会った人を直感で「この人は信頼できそう」などと判断したりします。

「速い思考」は動物としてのサバイバルに必要不可欠です。地震を感じたら即座に安全な場所に走るといった選択は、「速い思考」がなせる技です。これは普段は優秀な自動プログラムであり、実際にわれわれは日常生活の大半を「速い思考」に依存しています。**ただ、「速い思考」が頼りにするのは記憶（経験値や知識など）なので、記憶自体に偏りや誤りがあったり、情報が不足していたりすれば、間違った答えを出してしまうのです。**

一方、「速い思考」に対して、じっくりと判断を下すのが「遅い思考」です。直感的に考える「速い思考」と異なり、ワーキングメモリを精いっぱいに使って、意識的かつ論理的に判断を下すときに使われます。

そのため、もし注意が散漫でワーキングメモリが満杯状態であれば、「遅い思考」でも間違った判断を下すことは十分考えられます。

「速い思考」と「遅い思考」

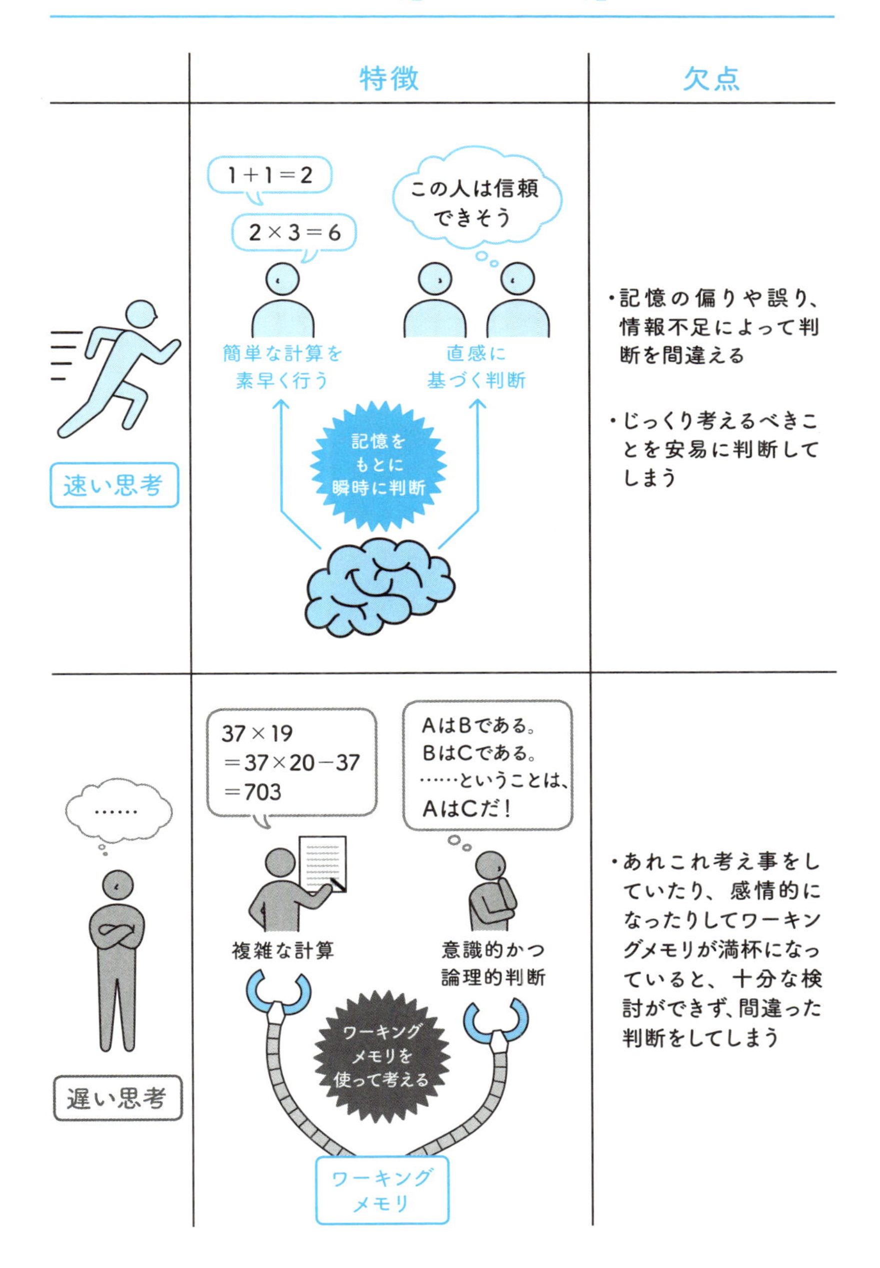

特徴
欠点
1＋1＝2
2×3＝6
この人は信頼できそう
簡単な計算を素早く行う
直感に基づく判断
記憶をもとに瞬時に判断
速い思考
・記憶の偏りや誤り、情報不足によって判断を間違える
・じっくり考えるべきことを安易に判断してしまう
37×19
＝37×20－37
＝703
AはBである。
BはCである。
……ということは、
AはCだ！
……
複雑な計算
意識的かつ論理的判断
ワーキングメモリを使って考える
ワーキングメモリ
遅い思考
・あれこれ考え事をしていたり、感情的になったりしてワーキングメモリが満杯になっていると、十分な検討ができず、間違った判断をしてしまう

NUMBER 2

「速い思考」が ジャッジメントミスをもたらす

ジャッジメントミスをなくしたいなら「速い思考」が下す判断を、逐一「遅い思考」で検証するというプロセスが必要になります。身近な例でいえば次のようなケースです。

ランチタイムに何を食べようかと考えたら、即座にラーメンが食べたくなり、決めた。昨夜テレビでラーメン特集を見たことの影響かもしれません。これが「速い思考」による判断です。

しかし、ここであなたは今週に入って塩分を摂りすぎている事実を思い出しました。気持ちとしてはラーメンを食べたいのですが、体のメンテナンスのことを考えれば、それは最善の選択ではないと結論づけ、有機野菜の美味しい店に行くことにしました。これが「遅い思考」の効果です。「速い思考」を論理的に抑え込むことができます。

「なぜあんな判断を……」と後悔するときは、たいてい「速い思考」の仕業です。この「速い思考」に振り回されるのが人間であり、より自分を客観視できる人、または自分を律することができる人が、こうした「速い思考」が下す、時に誤った判断を疑えるのです。

そもそも自動的に動き出す「速い思考」と違って、「遅い思考」は意識しないと回路が動きません。よって「速い思考」が下す判断に従うことになんの疑問も抱いていない人は、「遅い思考」で検証する必要性すら感じないのです。

あなたはすでに「速い思考」と「遅い思考」の２つの思考があることを知りました。これからは、「あ、『速い思考』が走り始めた……」「ヤバいヤバい、『遅い思考』も走らせないと…」というように、２つの思考を使いこなせるようになってきます。

その頻度を増やすためにも、**「今は『速い思考』？　『遅い思考』？」と自分に問いかけるようにしていきましょう。**

ジャッジメントミスをなくすには？

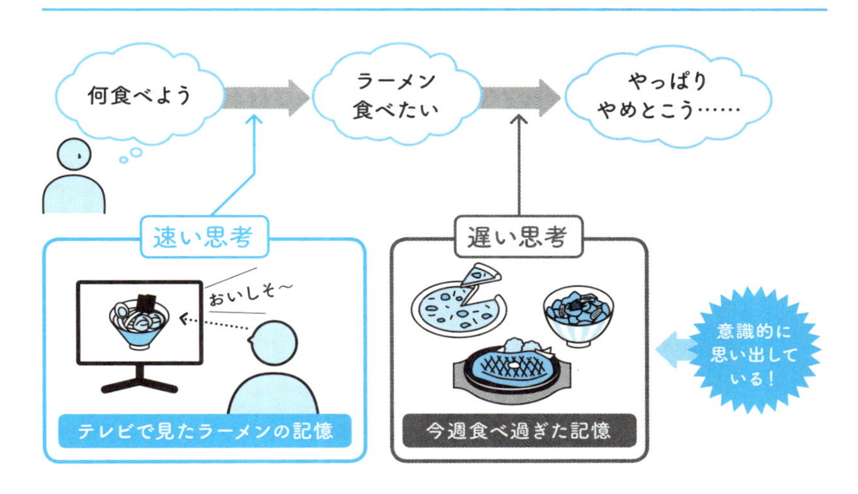

▶「速い思考」で下した判断を「遅い思考」で検証している！

「速い思考」に振り回されるのが人間！

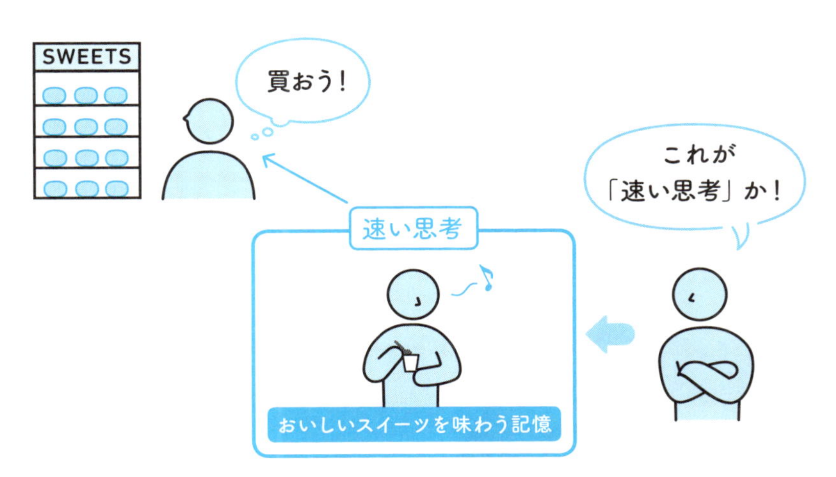

▶いまはどちらの思考か問いかけることが重要

第4章 ジャッジメントミス

NUMBER 3

少しの言葉の違いが相手の答えを左右する

「速い思考」がどんなジャッジメントミスを起こすのか、カーネマン博士の『ファスト＆スロー』で紹介されていた実験例を紹介しましょう。

実験では、2つの質問がセットになったものを2種類用意して、被験者に問いかけました。2セットの質問は以下の通りです。

【質問A】

① 世界一高いアメリカ杉は1200フィート（365.76m）より高いか低いか？
② 世界一高いアメリカ杉の高さは？（直感で答える）

【質問B】

①世界一高いアメリカ杉は180フィート（54.86m）より高いか低いか？
②世界一高いアメリカ杉の高さは？（直感で答える）

AとBの違いは、①で示す数字だけです。そしてこの実験では、①の質問の違いによって、②の答えが大きく変化しました。②の回答の平均値が、質問Aでは844フィートだったのに対し、質問Bでは282フィート。その差はなんと562フィートもあり、誤差の範囲とはいえません。

この差を生んだのは「潜在記憶」です。①の質問に答える過程で、「1200フィート」や「180フィート」を目にして記憶していたために、その数字が勝手に思い出され、思考、判断に影響を与えたのです。

よく「第一印象」が大事と言われますが、最初に会ったときの印象、「この人は信頼できる（できない）人だなあ」といった印象の記憶は、その後にも潜在記憶として働きます。

自分が相手に与えている言動の影響の大きさを知るとともに、自分が他の人を評価判断するときに、第一印象などの潜在記憶に振り回されていないかチェックすることも重要です。

たった一言が判断に影響する！

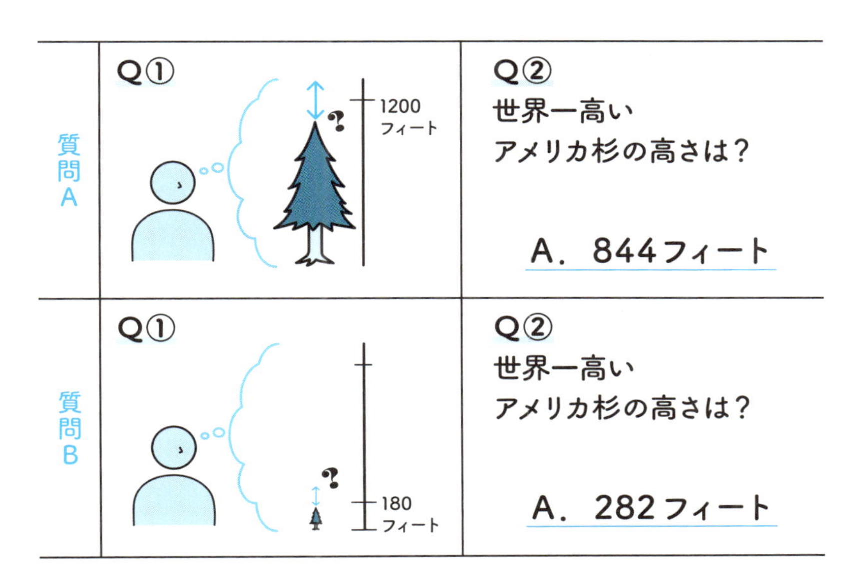

▶ **問いかけ次第で相手の答えを操作できる！**

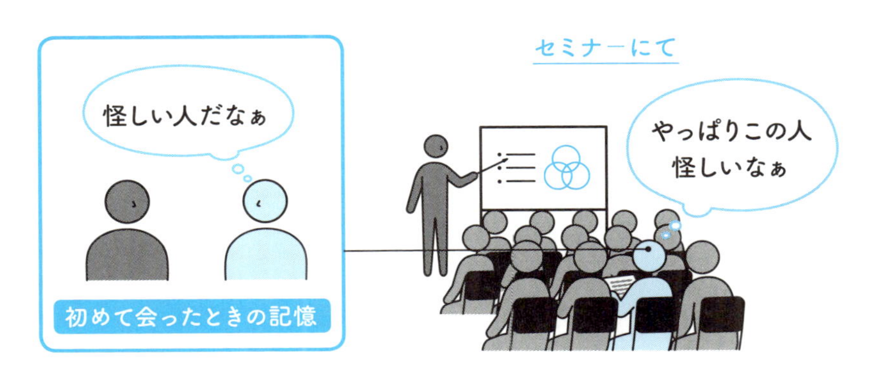

▶ **第一印象が自分の判断に影響していることを自覚しよう！**

NUMBER 4

潜在記憶があなたの判断を左右する

潜在記憶による判断への影響は、仕事でもよく見かけます。

たとえばセールスマンが口にする「普段は10万円でご提供しているのですが、お客様は特別ですので、半額の5万円でいかがしょう」といったセールストークもその1つです。

ただ「5万円です」と言う場合と、「普段は10万円」という前置きの後に「5万円」と言う場合とでは、受ける印象が違うのがわかりますか？「10万円」という1つの基準があるので、お得感が出るのです。もっと身近な例で言えば、スーパーやデパ地下の閉店間際に、「3割引」とか「半額」とか書いてあると、ついつい手が伸びてしまうことがあるでしょう。

このように、交渉ごとなどで判断の基準を自分に有利に進めるために打つクサビのことを「アンカー」と言います。アンカーとは船のイカリのことです。そして、アンカーが判断結果に影響を及ぼすことを「アンカリング効果」と言います。

だれかと交渉する際、多くの人が「最初に提案すると足元を見られるかも」と不安になったり、「こんな提案をして嫌われないか」と遠慮したりして、なかなか最初に提案を言い出せません。しかし、**交渉に関する研究では、この「アンカリング効果」を活用することで、「最初に提案をしたほうが交渉が有利に進められる」と考えられています。**

そのほか、「お一人様3個まで」といった数量制限をするのも潜在記憶の働きを活用していると言えます。こういう言葉を見ると、人は商品がなくなって手に入れられないイメージが浮かび、「今買わないと手に入らないかも」と焦って、ついつい買ってしまうことが起こるのです。

このように、**われわれの判断は、潜在記憶によって大きな影響を受けています。**こういった脳の特性を知らないままだと、いつまでもジャッジメントミスはなくなりません。

ビジネスにおけるアンカリング効果

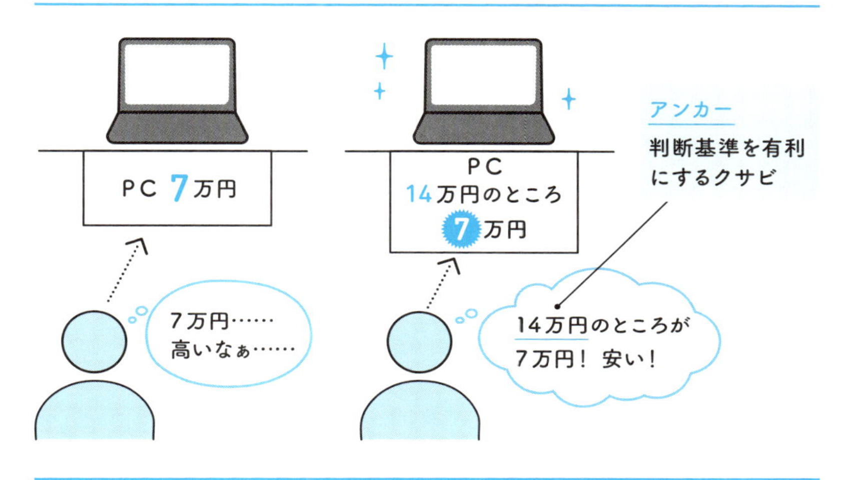

アンカリング効果の活用

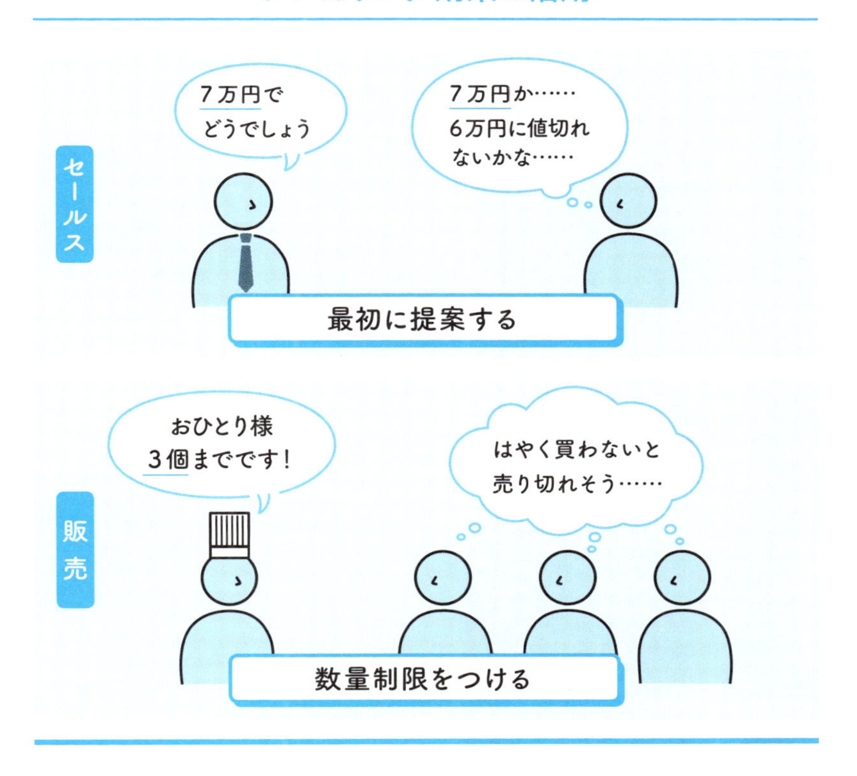

NUMBER 5

感情が揺さぶられるほどジャッジメントミスは起こる

「遅い思考」の精度を上げるためには、ワーキングメモリに余裕があることが重要ですが、**感情が揺さぶられると、ワーキングメモリを大量に消費してしまい、「遅い思考」はうまく動きません。**いわゆる「冷静に考えられない」状態です。感情は正しい判断、ジャッジメントにとって大敵なのです。

スポーツの世界では「メンタルコントロール」がますます重視されていますが、これもジャッジメントミスを防ぐ試みです。感情はあきらめない粘り強さを支えるとともに、暴走すると日ごろの練習通りの動きができず、自滅してしまいます。

これを利用して、対戦相手を感情的にさせることもよく見られます。

たとえば、「ノムさん」の愛称で知られるプロ野球選手・監督だった野村克也さんは、その現役時代、バッターにささやきかけて、バッターの感情を揺さぶる「ささやき戦術」を得意としていました。

ビジネスの世界でも同じです。自分は感情的にならずに、相手をいかに感情的にさせるかが、意識するしないにかかわらず行われています。

・「いま買わないとなくなってしまう」といった不安や焦り
・「ケチだと思われたくない」といった見栄やプライド
・「こんな美味しい話は滅多にない」といった欲

あなたもこんな感情に動かされた覚えがあるのではないでしょうか？

悪質な例でいえば「あなたはいつまで負け組でいるつもりですか」と一方的な決めつけをして焦燥感を演出するセミナーなどがあります。挙句の果てには「成功者に共通するのは決断力です」と、見栄をくすぐりながら即決を促すパターンもあります。**そんなときは「お、『速い思考』で判断させようとしているな」と考えながら、冷静さを保ちましょう。**

「感情の乱れ」がワーキングメモリを浪費する！

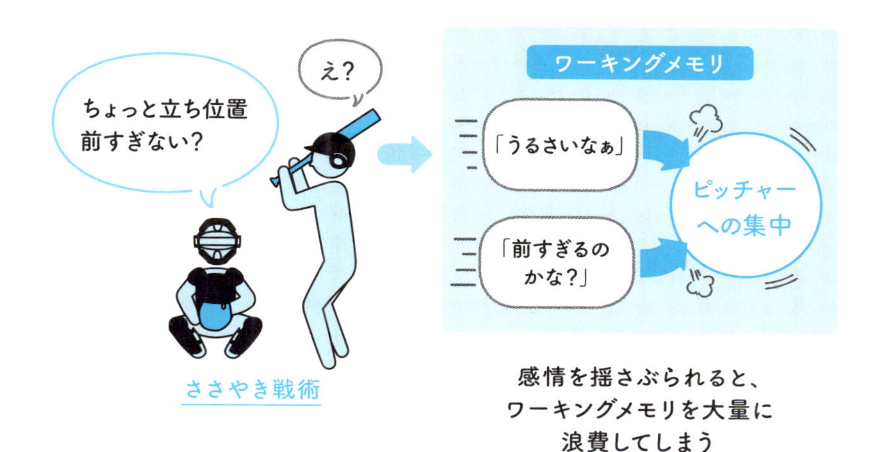

感情を揺さぶられると、
ワーキングメモリを大量に
浪費してしまう

ジャッジメントミスの原因に！

「速い思考」でジャッジメントミスをしないために

「遅い思考」を働かせるために
「いまは『速い思考』かも？」と自分に問いかける

NUMBER 6

「思い出しやすい」＝「よく起こっている」という誤解

「記憶がどれだけ鮮明に残っているか」によっても、人の判断は変わってきます。

たとえば、あなたは少年の凶悪犯罪が最近増えていると思いますか？「増えている」と答えた人もいるかもしれませんが、実際には減少しています。では、なぜ増えたと判断する人がいるのか？　それは少年犯罪のニュースが、あなたの記憶に強烈な印象を残して思い出しやすいからです。

つまり、人は「思い出しやすい」＝「頻度が高い」と判断してしまうのです。この現象を認知科学では「利用可能性ヒューリスティック」と呼びます。

飛行機事故が起こった後に飛行機に乗るのをやめる人が増えたり、「鳥インフル」など、ある食物に関するニュースが報じられると、鶏肉すべてなど、直接の影響が考えられないものも含めて売上げが落ちたりすることも「利用可能性ヒューリスティック」が原因と考えられます。「思い出しやすい」＝「事故・病気が多い」と判断するのです。

逆に、思い出しやすい、ポジティブなキャッチコピーを浸透させることで、「よく売れている・人気の」商品と判断させて売上げを伸ばすことも「利用可能性ヒューリスティック」です。

また、「自分ばかり大変な仕事をしている。ちゃんと評価されていない」と不満を抱いているときも、「利用可能性ヒューリスティック」に引きずられているかもしれません。

自分がしている苦労は当然ながら鮮明に記憶されますが、他人の苦労は意識を向けない限り、記憶にすら残らないかもしれません。すると、自分のほうがほかのメンバーよりも「頻繁に苦労している」と思い込んでしまうのです。

「思い出しやすい」≠「頻度が高い」

「利用可能性ヒューリスティック」の影響

その判断は「利用可能性ヒューリスティック」に
引きずられていないか振り返ってみよう

NUMBER 7

評価基準の違いがジャッジメントミスを招く

たとえ「遅い思考」を働かせたとしても、潜在記憶の影響から完全に逃れることはできません。なぜなら「遅い思考」で物事を考える際も、記憶から呼び出されたデータに基づいて判断をするからです。とくによくあるのが「評価基準」のズレからくるジャッジメントミスです。

たとえば先輩から「この機械、倉庫に戻しておいて」と言われたとしましょう。ただ戻すだけでなく、時間をかけて倉庫の中もキチンと整理しながらしまうこともできるでしょうし、逆にスピード重視で倉庫の入り口付近にポンと置いておわりにすることもできるでしょう。

こうした行動の差は、当人の評価基準、つまり「何を大事にしているのか」によって変わります。 これが相手の評価基準と一致していれば問題ないですが、違っていればジャッジメントミスとなってしまいます。先ほどの例で前者の行動を取った場合、先輩の評価基準によって「キチンと整理してくれて助かるよ」とほめられるかもしれませんし、逆に「何をグズグズしているんだ」と叱られるかもしれません。

日常で自分の評価基準がどのようなものなのか、またはその基準が本当に正しいものなのか、あまり意識を向けることはありません。さらに厄介なのは、どこかでほかの人も自分と同じ評価基準を持っていると思い込んでしまっている点です。

たとえば、「一生の愛を誓って」結婚した夫婦の例です。その離婚の一番の原因は男女とも「性格の不一致」。これは評価基準の不一致とも言えます。結婚するときは、どこかで相手も同じ、近いと思っているけれども、一緒に生活していると、細かいところであれこれ違いが見えてくるのです。これまで育ってきた環境が違えば、評価基準が違うのも当たり前です。**「自分と相手の評価基準は違うかもしれない」という前提のもと、行動することが、家庭でも仕事でもうまくいく秘訣といえます。**

それ、「評価基準」のズレが原因かも？

Aさんの評価基準 → ズレ ← **Bさんの評価基準**

Aさんの評価基準	Bさんの評価基準
・精度は7割くらいでいい ・何よりスピード重視派	・100％に近い精度にしたい ・時間をかけてきれいにやるべき

▼

お互いに「自分の評価基準は正しい」
「相手も同じ基準を持っている」と
思い込むと、溝が埋まらない

▼

自分と相手の評価基準は違うかも

と考えてみることが重要！

NUMBER 8

「自分の判断は正しい！」と思い込みたがる脳の性質

ここまで見てきたように、潜在記憶は意思決定や判断に知らず知らずのうちに大きな影響を与えています。

さらに人の脳はいったん判断を下すと、それを正当化しようとします。都合のいいことしか考えないように思考にフィルターがかかるといえばわかりやすいかもしれません。

あなたも社内会議やお客様との打ち合わせで体験しているのではないでしょうか。

「自分に都合のいい情報だけを強調して、都合の悪い情報は無視する」といった人のことです。自分自身に身に覚えがなくても、このような人は身近に一人や二人は思い浮かぶでしょう。

自己正当化は確信犯的に行っている場合もありますが、無意識に行っている場合も多いのです。そして、それを引き起こしているのもやはり潜在記憶です。

ある仮説を「正しい」と考え始めると、それに関連する記憶が勝手に活性化され、正しいと考えている仮説に合致するような情報が勝手に呼び出されやすくなるのです。最初に正しいと思ったことは、時間がたつにつれさらに正しく思えてくるのです。

ネガティブ思考の人は、身の回りに起きる些細な不幸な出来事ばかりに意識が向いて、「ほら見ろ。絶対に不幸だよ」と信じ込んでいます。周囲がいくら「いいことだってあるじゃないか」と励ましたところで「いや、それはたまたまだから」と聞く耳を持ちません。

こんなときは、相手の話をよく聞きながら、相手が思い出していなかった記憶を掘り起こし、「そういえば、こんな幸せなこともあった」と自ら気づいてもらうことが効果的だったりします。とにかく、相手に働いている潜在記憶に意識を向けていきましょう。

脳は自分の判断を正当化したがる！

× 自分にとって都合が悪い情報

○ 自分にとって都合がいい情報

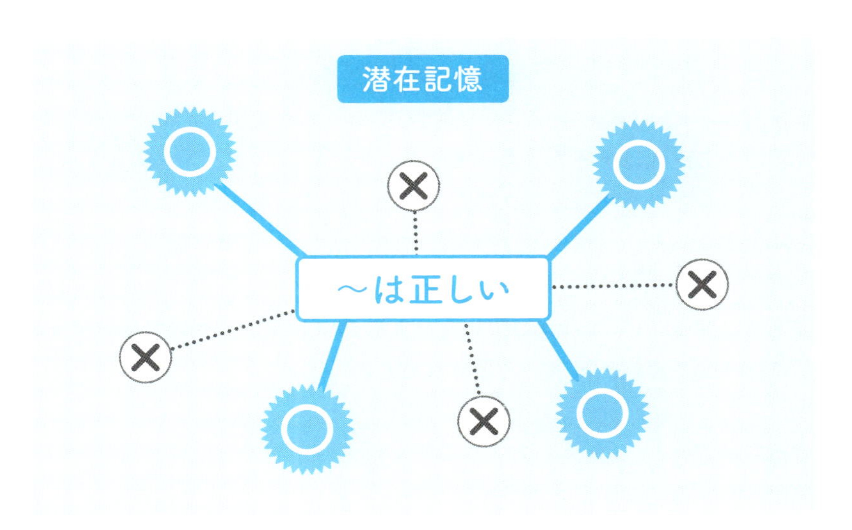

「正しい」と考えた情報に
関連する記憶ばかりが活性化されてしまう！

NUMBER 9

「だから言ったのに！」の嘘

→後知恵バイアス

われわれは「潜在記憶」の働きから逃れることはできません。いくら「速い思考」を抑え込んで「遅い思考」で考えたとしても、自分の先入観や思い込み、バイアスから完全に逃れることはできないのです。

また、間違った判断や意思決定をすることからも逃れることはできません。完璧な判断・意思決定などそもそも無理な話です。つまり、「ミスが起こるとわかった上でジャッジする」ことが必要なのです。

そういう意味では、人が犯しうる最もタチの悪いジャッジメントミスは、判断するときには言ってなかったのに、結果が出たあとで、「あの判断は悪かった」とミスを指摘することかもしれません。

プロジェクトがうまくいかなくなったときに、「こうなることはうすうすわかっていたはずだろう」と訳知り顔に言う上司などはその典型です。こうした人はチームで最終決定をした当時、いまと同じ意見を同じぐらいの強さで指摘していたのかといえば、そうではありません。

結果を知っていれば何とでも言えます。そして、この場合も潜在記憶の働きによって自分に都合のいい記憶ばかりが活性化されるため、**「私はずっと知っていた、わかっていた」と勘違いしてしまうので厄介です。これは「後知恵バイアス」と呼ばれるものです。**

結果が悪いと、「前兆があったのになぜ気づかなかったのか？ それを生かさなかったのか？」と意思決定者を責めることがよく起こります。その前兆は結果が出た後だからこそ見えてきたものだったとしてもです。

もちろん、良い結果にしろ悪い結果にしろ、きちんと振り返って検証し、今後の学びにつなげることは重要です。しかし、**結果をすでに知ってしまった今と、それをまだ知らなかった時点、つまり意思決定をした時点では明らかに前提が違うということを忘れてはいけません。**

ジャッジメントミスを指摘している自分自身がジャッジメントミスをしていないか？ そんな意識も重要になるのです。

「後知恵バイアス」の仕組み

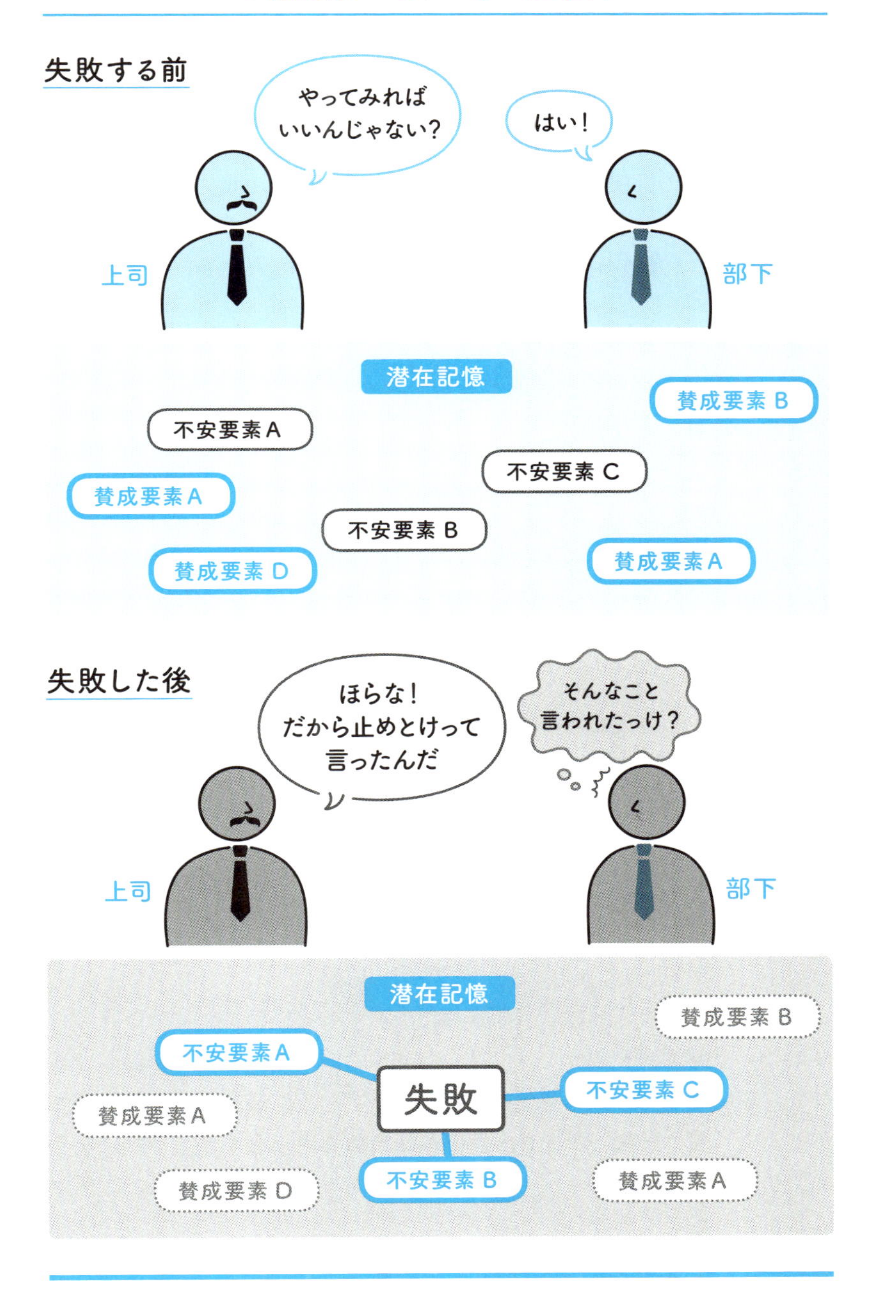

NUMBER 10

ジャッジメントミスの特効薬も「意識の矢印」

自分と相手の評価基準が異なるという前提に立てれば、上司やお客様の評価基準が何なのか？　自分とはどう違うのか、知りたくなるでしょう。つまり、「意識の矢印」が相手に向くわけです。

相手の評価基準を知るためには、たとえば上司から仕事を与えられたときに「これを行うにあたって重視すべき点は何ですか？」「この企画書で絶対に外してはダメというポイントは何ですか？」というような質問が欠かせません。

ただ、「評価基準」という「事柄」に焦点を当てるだけでは、相手の本当の評価基準はつかめません。**コミュニケーションミスの章で紹介した「ユークエスチョン」も使いながら、相手という「人」に焦点を当てることが重要です。**

また、上司から「〇〇したほうがいい」と指示を受けたり、「□□のほうがいい」と要望された際にも、何をもって「いい」と判断しているのかに意識の矢印を向けて聞きましょう。

「なぜ、〇〇したほうがいいと思われたんですか？」と深掘りしてもいいですし、「〇〇をする目的は何ですか？」と相手が思い描いている将来を尋ねてもいいでしょう。いずれのケースでも、相手が大切にしていることが明らかになってきます。

こういったかかわりは、質問された上司やお客様自身が自分の評価基準を改めて考え直すきっかけにもなります。**通常はこれまでの経験に基づく「速い思考」で評価判断は起きていますから、あなたから質問されることで「遅い思考」が働き、評価基準自体を考え直すきっかけになるのです。**それは本人にとって「気づき」であり、質問されたことに感謝されることも起こるでしょう。

評価基準を知るときにも、「事柄」から「人」へ！

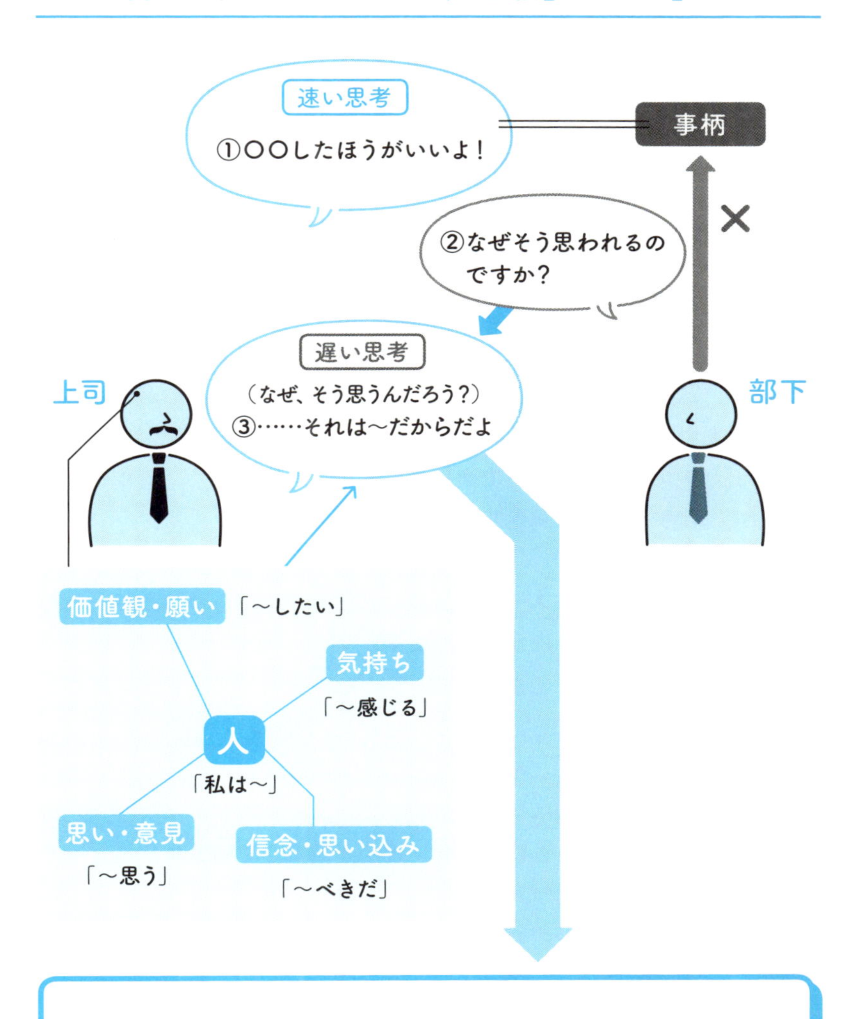

「相手が大切にしていること」が明らかになる！

相手の「速い思考」を「遅い思考」に転換するだけで、評価基準自体を考えなおすきっかけにも！

NUMBER 11

モノが売れないのは ジャッジメントミスが原因？

すぐれた経営者、マネジャー、セールスほど、他人の評価基準に敏感です。逆に、いま１つパッとしない人は評価基準に対する意識が弱いものです。

たとえば、優れたセールスほど真っ先にお客様の評価基準を探ろうとします。というより、商談の大半をこのヒアリングに費やします。

つまり、**意識の矢印を徹底して相手の記憶に向けて、その深層にある評価基準を引き出そうとする**のです。そして相手の評価基準が見えたら、それに沿うプレゼンのやり方で商品やサービスを提案する。こういった提案なら、自ずと相手は満足し、成約率が上がっていきます。

一方、売れないセールスほど、自分の評価基準を押しつけようとしてクライアントにそっぽを向かれています。

プリンターを売り込むときにセールスがしきりに「メンテナンスコストの安さ」をアピールするとします。しかし、会社によっては「小ささ」「速さ」「画質のよさ」と、それぞれが抱える課題によって、プリンターを選択する際の評価基準は変わります。

相手の評価基準を満たさない限り、相手が納得して購入することはありません。いくら「いい商品です！」と熱弁しても、論点がお客様の評価基準とズレていたら相手の心にまったく響かないのです。

では、ヒアリングの結果、自社商品が相手の評価基準に合わない場合や、相手に確固たる評価基準がない場合はどうすればいいのでしょう？

そのときは**相手の評価基準を変えるか、新たに植えつけること**が考えられます。いわゆる教育・啓蒙活動です。

たとえば、無料でよく配られる「だまされないための〇〇〇〇の選び方・７つのポイント」といった小冊子。これは見込み客にあらかじめ評価基準を教育するために有効なのです。

モノを売るにはヒアリングが必要不可欠！

売れないセールスの例

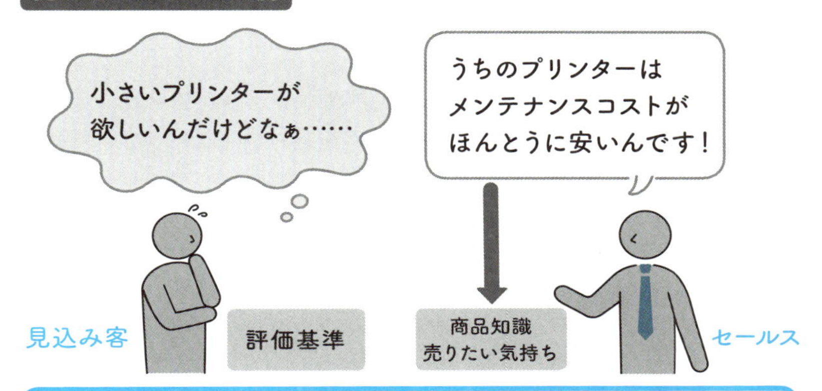

相手の評価基準に「意識の矢印」が向いていない

すぐれたセールスの例

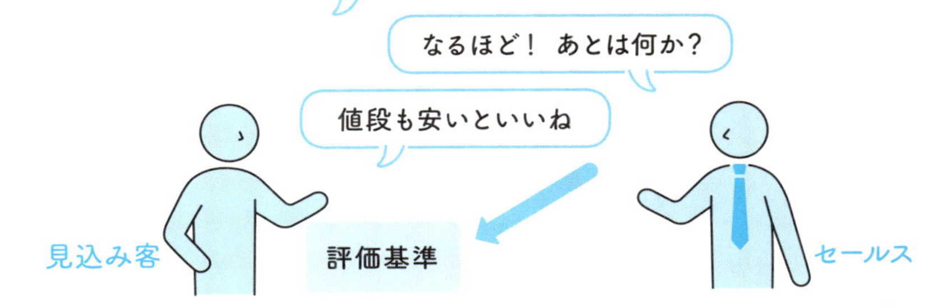

相手の評価基準に「意識の矢印」が向いている

NUMBER 12

それは「事実」？「意見」？この問いかけがミスを防ぐ

「速い思考」でも「遅い思考」でも、潜在記憶が必ず影響を及ぼしています。その精度を高めたければ、その潜在記憶が判断材料として適当かどうか、チェックが必要になります。そのための最もシンプルな視点が**「事実」か？「意見」か？** です。たとえば、次ページの部下と上司の会話の図をみてください。

部下が「絶対儲かる」と判断しているのは、本人の潜在記憶に基づく「意見」にすぎません。これは、もしかしたら「利用可能性ヒューリスティック」にはまっている可能性があります。普通のタバコを吸っている人を見ても印象には残りませんが、最新の電子タバコを吸っている人を見たときはその物珍しさと好奇心から、強烈な印象が残ります。そのためそれを大きなトレンドだと思ってしまうわけです。

もちろん、それが実際にトレンドだったり、これからなるかもしれませんが、まずは自分の「意見」の元の「事実」を明らかにするのです。

ビジネスで下す判断で求められる根拠は「事実」です。とくに「数字」は誰が見ても揺るがない客観的なデータです。だから説得力があるわけです。上司はそのことを部下に指摘し、客観的なデータを求めたわけです。

ただ厄介なことに人の記憶のなかでは「事実」も「意見」も混在しています。しかも「利用可能性ヒューリスティック」といった「速い思考」を通ることで、両者の区別がさらに難しくなります。

自分が下した判断が「事実」に基づいているのかどうか。「事実」のように見えても、そこに解釈が加わっていないかどうか。こうしたことを精査する作業が必要なのです。重要な決断であればあるほど自分の判断材料を徹底的に洗い出すプロセスを忘れないようにしましょう。

「利用可能性ヒューリスティック」に気をつけよう！

最近、飲み屋で電子タバコをよく見かけるんです！
ブームですよ！ 電子タバコ用のアクセサリー
つくりましょう！ 絶対儲かりますよ！

データはあるの？ 市場占有率とか。
社長のところに「多分ブームなんで、絶対儲かります！」って
話を持っていくわけにはいかないだろ。

あ……すいません。調べます。

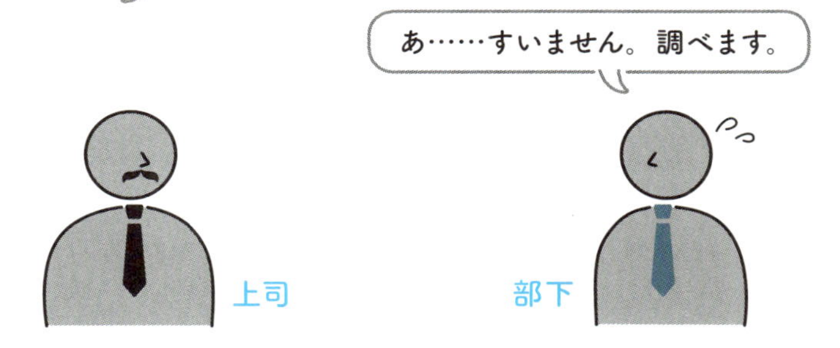

NUMBER 13

潜在記憶のワナから逃れるシンプルな方法

ここまで見てきたように、われわれは潜在記憶の影響からなかなか逃れられません。しかし、そのワナから逃れるシンプルな方法があります。

それは、**いま自分が下そうとしている判断と真逆を想定してみる**こと。

たとえば、どうしても欲しい最新の家電を買おうとお店に行ったら、思った以上に高い値段だったとしましょう。このとき多くの人は自分の貯金残高なり、ローン計画なり、どうやったら買えるかといった計算をしがちです。どうしても欲しいのですから、当然です。

しかし、ここであえて思考を逆に振るのです。たとえば、いまは買う前提で考えているが、逆に買わない選択をしたらどうなるのか？

このように思考の前提をガラッと変えてみると、いままで気づかなかったことも考慮できるようになり、潜在記憶による思考の偏りを防ぐことができます。これによって、自分の感情や欲に巻き込まれることから逃れて、より広い観点から意思決定できるのです。

このことを、組織として仕組みとして行うことも提唱されています。これは『決断の法則』などの著書がある意思決定の研究者、ゲーリー・クラインが考案したもので、「死亡前死因分析」と呼ばれるもの。

文字通り、死ぬ前、つまり失敗する前に失敗した原因を分析するという方法です。何か重要な意思決定をしたとき、それを正式に承認・公表する前に、関係者が集まり、次のような設定で分析するのです。

その設定とは、「この意思決定を実行した1年後、結果は大失敗に終わった。ではなぜ失敗したか」。

この設定に基づき、各自が想像する失敗のシナリオをあえて考え、それを発表し合うのです。これによって、強制的に思考を逆に振ることで、ジャッジメントミスを減らすのです。

あえて失敗したときのことを考える！

NUMBER 14

「嘘も百回繰り返せば本当になる」は本当

ジャッジメントミスを減らすためのシンプルかつ強力な方法が「真逆に振って考える」。これは否が応でも「速い思考」から「遅い思考」への移行を促します。しかも自分の判断の前提となっている潜在記憶に意識を向けてくれます。

ただ、実際には自分の判断にあえて反対することは、なかなかできません。というのも「速い思考」と潜在記憶が持つ性質により、われわれは放っておくと「自信過剰になってしまう」脳の特性があるからです。

自分の判断に沿った記憶だけが思い出されたり、都合のよい事実ばかりを集めてしまうという自己正当化もその一因ですが、それだけではありません。「速い思考」が「真実性の錯覚」なるものをもたらすのです。

「真実性の錯覚」とは、馴染み深いもの、見やすいもの、わかりやすいものを真実だと信じやすいという、脳が勝手に犯す錯覚です。

見にくい手書きよりも見やすい活字のほうが信じられやすい。文章はシンプルで覚えやすいほうが真実と受け取られやすい。客観的に見て正しいのかどうかなど関係なく、単に見やすいとか、わかりやすいとかだけで、人はそれを信じてしまう傾向があるのです。

ある文章の中にある一部を繰り返し見せるだけで、その文章を真実だと信じやすくなったという実験もあります。文章の一部になじんでいるだけで、文章全体に見覚えがあると感じ、真実だと考える。誰かに嘘を信じさせるには、繰り返し聞かせるだけで十分なのです。

真実性の錯覚は他人に対してだけでなく、自分自身にも働きます。たとえば、**自分が正しいと思うことを人に伝えれば伝えるほど、自分自身がそれを強く信じるようになる**のです。

そうなると、自分の考えを否定したり、反対の立場に立って考えてみたり、反対意見を素直に聞くことはますます難しくなるのです。

脳は「わかりやすいもの」を信じやすい！

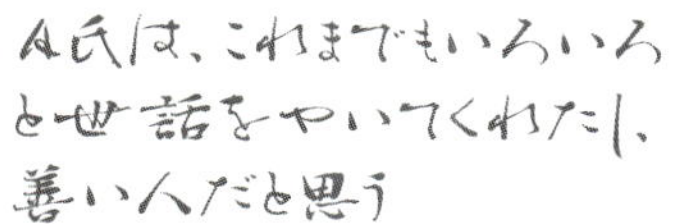

「真実性の錯覚」
見やすいほうを真実だと思ってしまう

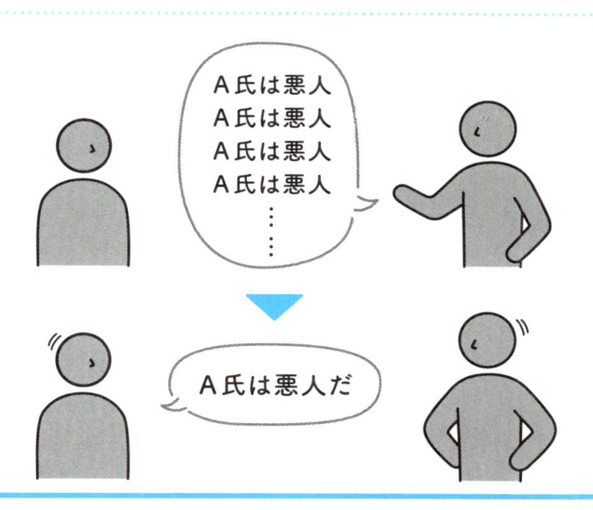

真偽に関係なく、繰り返すことで信じ込ませることができる

NUMBER 15

子曰く、「ミスを犯しながら、改めないのがミスである」

未来も他人も現在の自分にとっては未知のものです。すべてがわかり、予測可能になることはありえません。ジャッジメントミスを防ぐためには、ミスが起きる可能性を認めながら、ミスを恐れず意思決定をしつつ、その結果と絶えず向き合い、見直しをしていくしかありません。

かの『論語』には、「過ち」について右ページのような言葉が書かれています。この「過ち」を「ジャッジメントミス」に置き換えると…

①ジャッジメントミスに気づいたら、改めることを躊躇してはならない
②ジャッジメントミスを犯しながら、改めないのがジャッジメントミスである
③小人はジャッジメントミスを犯すと、必ず、取り繕う

まさに、ジャッジメントミスに取り組む際に覚えておきたい言葉です。

また、東京大学東洋文化研究所の安冨歩教授はその著書の『ドラッカーと論語』の中で、ドラッカーの経営学の最重要概念は「フィードバック」であるとし、そのマネジメント論の要点を次の３つにまとめています。

① 自分の行為のすべてを注意深く観察せよ
② 人の伝えようとしていることを聞け
③ 自分のあり方を改めよ

本章で取り上げているジャッジメントミスはもちろん、これまで取り上げて来たミスのすべてにかかわることがわかるでしょう。

マネジメントとは自分のマネジメント、記憶のマネジメントであり、それがさまざまなミスをなくすことにもつながるのです。

ミスをしたら、恐れずに認めて修正しよう！

1. 過ちに気づいたら、改めることを躊躇してはならない
2. 過ちを犯しながら、改めないのが過ちである
3. 小人は過ちを犯すと、必ず、取り繕う

孔子

1. 自分の行為のすべてを注意深く観察せよ
2. 人の伝えようとしていることを聞け
3. 自分のあり方を改めよ

ドラッカー

おわりに

本書を通して、われわれの脳がいかにミスを起こしやすいか、そして、意識する／しないにかかわらず、常にミスを起こしていることを見てきました。

いま、あなたは仕事のミスについてどのような感想をお持ちでしょうか？

「ミスは絶対なくさなければならない」という気持ちから、「ミスはなくせないんだ」という気持ちになっていれば、本書の目的は達成されたと言っていいでしょう。

「じゃあこの本のタイトルは嘘なの？」と思われるかもしれません。

しかし、「ミスはなくせない」という事実を受け入れることが、仕事のミスをなくすためのスタートであり、唯一の道なのです。

誰もミスを起こしたいと思っている人はいません。また、ミスを起こしている最中に、「私はミスを起こしている」と思っている人はいません。

仮に「間違っているけれど、これでいこう」と思っている人でも、そうやることが正しいと思っているわけです。

「ミスした！」と気づくのは、いつも後になってからです。

今起こしているミスが何であれ、自分自身はそのことに気づかないというのが、ミスの厄介なところです（他人のミスはよく見えるのですが……）。だとしたら、「ミスはしない」と信じ込むより、「ミスはするものだ」と素直に認めればいいのです。

われわれは未来にしろ、目の前の他人、周りの世界、そして自分自身も含めて、不確実で予測不可能なことをよく知らないものです。

だからこそ、確実なものにすがりたくなり、すべてわかっていると思いたくなる。確信をもって断言してくれる人についていきたくなる。ミスを認めず、自分の正しさを信じたくなる。

変化が激しく、多様さが増していく世の中で、それはますます強まっている気がします。

しかし、ミスを認めず、受け入れないと、それはさらに大きなミスとなって跳ね返ってくるのです。あなた自身、薄々その事実に気づいていたかもしれないのに……。

本書では脳のメカニズムにまでさかのぼって、４つの仕事のミスについて徹底的に向き合ってもらいました。本書をちゃんと読んだ方なら、「ミスはなくせない」とミスを受けいれて、仕事のミスを絶対になくすためのスタートラインに立たれたはずです。

そして、これからミスをなくそうと取り組んでいく過程で、ミスが起きたときに考えてもらいたいことがあります。

それは、「そのミスは『間違い』なのか？　『違い』なのか？」ということです。

ミスは自分が想定したものとの「違い」が生じたときに発生します。

もちろん、その中には避けなければならない「間違い」もありますが、新たな可能性の扉を開く「違い」もあるはずです。

「失敗は成功の母」
「失敗などない、そこには学びがあるだけだ」

という言葉に象徴されるように、そのミスには未来につながる気づきがあるかもしれません。

「みんなちがって、みんないい」という詩の一節もありますが、そこには協力、協創の可能性が見えるかもしれません。

すぐに「間違いだ！」と落ち込まず、「違った！」と驚いてみることで、「ミス」だと思っていたことが「ミス」でなくなったりもするものです。

こんなふうに仕事のミスをとらえ、楽しんで生かせる人が、仕事のミスをなくせるのだと思います。

最後に、この言葉をお伝えしておきます。

「ミスを恐れて新しいことに挑戦しないことこそ、最大のミスである」

2019年春　宇都出雅巳

特別付録

仕事のミスをなくし、あなたの仕事力をアップさせる

ワーキングメモリ・潜在記憶 活用講座

本書の内容の理解をさらに深め、実践活用してもらうため、動画による解説講座を作成しました。以下のURLからメールアドレスをご登録いただき、ぜひご利用ください！

https://www.utsude.com/no-mistake/

※動画はＷｅｂ上で公開するものであり、ＤＶＤなどをお送りするものではありません。

※上記特典のご提供は予告なく終了となる場合がございます。

参考文献

・『ＮＬＰコーチング』（ロバート・ディルツ著　田近秀敏監訳　佐藤志緒訳　ヴォイス）
・『教養としての認知科学』（鈴木宏昭著　東京大学出版会）
・『行動意思決定論——バイアスの罠』（Ｍ・Ｈ・ベイザ〜マン、Ｄ・Ａ・ムーア著　長瀬勝彦訳　白桃書房）
・『証言の心理学——記憶を信じる、記憶を疑う』（高木光太郎著　中公新書）
・『ゾーンに入る技術』（辻秀一著　フォレスト新書）
・『フロー体験　喜びの現象学』（Ｍ・チクセントミハイ著　今村浩明訳　社会思想社）
・『つくられる偽りの記憶——あなたの思い出は本物か？』（越智啓太著　化学同人）
・『ドラッカーと論語』（安冨歩著　東洋経済新報社）
・『脳はあり合わせの材料から生まれた——それでもヒトの「アタマ」がうまく機能するわけ』（ゲアリー・マーカス著　鍛原多惠子訳　早川書房）
・『なぜビジネス書は間違うのか——ハロー効果という妄想』（フィル・ローゼンツワイグ著 桃井緑美子訳 日経ＢＰ社）
・『学年ビリのギャルが１年で偏差値を40上げて慶應大学に現役合格した話』（坪田信貴著　角川文庫）
・『ファスト＆スロー——あなたの意思はどのように決まるか？　上・下』（ダニエル・カーネマン著　村井章子訳　ハヤカワ・ノンフィクション文庫）
・『不確実性超入門』（田渕直也著　ディスカバー 21）
・『まちがっている——エラーの心理学、誤りのパラドックス』（キャスリン・シュルツ著　松浦俊輔訳　青土社）
・『ワーキングメモリと日常——人生を切り拓く新しい知性』（Ｔ・Ｐ・アロウェイ、Ｒ・Ｇ・アロウェイ著　湯澤正通、湯澤美紀監訳　北大路書房）

【著者略歴】

宇都出雅巳（うつで・まさみ）

トレスペクト教育研究所代表。1967年生まれ。東京大学経済学部卒。出版社、コンサルティング会社勤務後、ニューヨーク大学留学（MBA）。外資系銀行を経て、2002年に独立。30年にわたり、心理学や記憶術、速読を実践研究し、脳科学、認知科学の知見も積極的に取り入れた独自のコミュニケーション法・学習法を確立。企業研修やビジネスマン向けの講座・個別指導を行う。専門家サイト・オールアバウト「記憶術」ガイド。
『仕事のミスが絶対なくなる頭の使い方』（クロスメディア・パブリッシング）、『サクッと読めてアウトプット力を高める 集中読書術』（総合法令出版）、『頑張らずにうまくいく 自分を変える「脳」の習慣』（SBクリエイティブ）など、著書多数。

・ホームページ
https://www.utsude.com/

・ブログ
https://ameblo.jp/kosoku-tairyokaiten-ho/

図解 仕事のミスが絶対なくなる頭の使い方

2019年 4月 1日 初版発行

発行 株式会社クロスメディア・パブリッシング
発行者 小早川幸一郎
〒151-0051 東京都渋谷区千駄ヶ谷4-20-3 東栄神宮外苑ビル
http://www.cm-publishing.co.jp
■本の内容に関するお問い合わせ先 ……………………TEL (03)5413-3140／FAX (03)5413-3141

発売 株式会社インプレス
〒101-0051 東京都千代田区神田神保町一丁目105番地
■乱丁本・落丁本などのお問い合わせ先 ………………TEL (03)6837-5016／FAX (03)6837-5023
service@impress.co.jp
（受付時間 10:00～12:00、13:00～17:00 土日・祝日を除く）
※古書店で購入されたものについてはお取り替えできません
■書店／販売店のご注文窓口
株式会社インプレス 受注センター ………………………TEL (048)449-8040／FAX (048)449-8041
株式会社インプレス 出版営業部……………………………………………………TEL (03)6837-4635

カバーデザイン 小口翔平＋山之口正和（tobufune）
本文デザイン・イラスト 安賀裕子
印刷・製本 中央精版印刷株式会社
ISBN 978-4-295-40286-2 C2034

©Masami Utsude 2019 Printed in Japan